JN013195

オランダ学校に帰属する作者不詳のエドワード 4 世の肖像画。1472 年以前のデータ可能な肖像画に基づき、女王陛下の寛大な許可により復元されたロイヤル・コレクッション。
出典：Charles Ross, *EDWARD IV*. Eyre Methuen, London, 1974 の扉

〔ヨーク朝系図〕

＊①〜⑦は各王朝の即位順

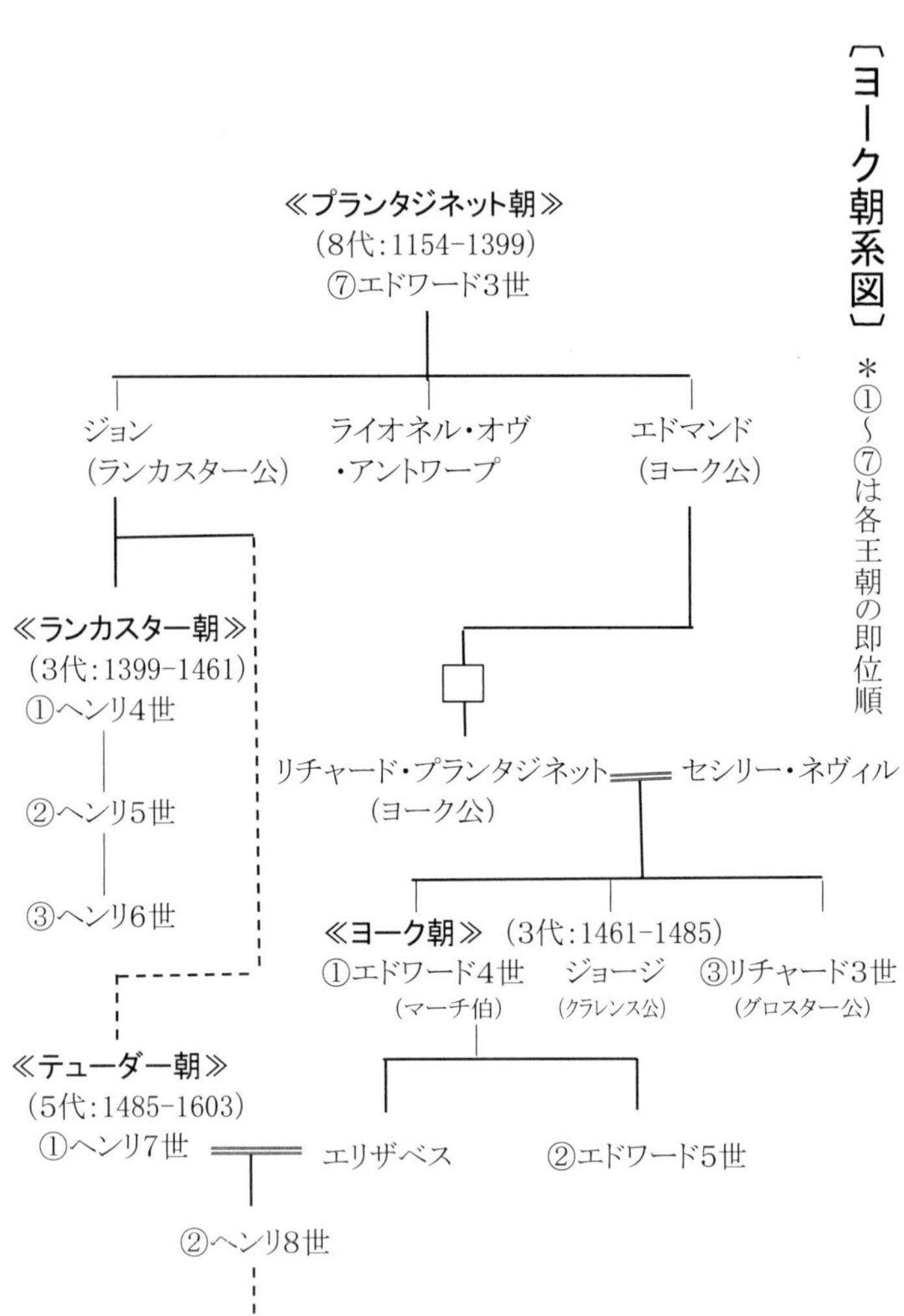

はしがき

イギリス絶対王政は、一般に、テューダー朝初代のヘンリ七世 Henry VII（在位１４８５—１５０９）の治世から始まったと言われている。

しかし、当然ながら、絶対王政は、テューダー時代にいきなり成立したシステムではない。その萌芽（ほうが）・先駆が、ヨーク朝のエドワード四世 Edward IV（在位１４６１—１４８３）代にすでにあったとする研究が、わが国でもある。[1] 本書では、この点について、それが正しいことを、さらに具体的に法令、勅語・勅令、令状、年代記、所領会計録や巡回記録その他の一次史料の分析を通して、実証してみたい。

二〇二三年　四月二十二日

工藤長昭

工藤 長昭

エドワード四世の王領政策

―イギリス絶対王政の先駆け―

―目　次―

第１章　エドワード四世の王室領回収
――王室領回収法を中心に

第１節　きっかけ

エドワード四世が、「自分自身の所領で生活する[2]」と主張し、自活のための政策を断行したとき、正しい法の手続きに従った中世の標準的な立憲政治、つまり名望家たちが構成する諮問会議（Council）を通じて頻々と開かれる議会による国家統治の完成という本来めざすべき流れに逆行して、ヨーク政権は、独裁的な反動政治へと逆戻りしているかのようにみなされた[3]。イギリス史家のウィリアム・スタッブズ William Stubbs（１８２５―１９０１）――イギリス国教会の主教でもあった――の時代とその数世代あとのイギリス史家たちの時代は、ランカスター政権が、中世の封建的な専制政治を改革しようとした時代、国家統治における重要な憲政上の改革を行おうとした時代であったとみなしていたのである。[4]「自分自身の所領で生活する」というエドワード四世の主張は、封建制度における本来のあるべき姿であり、ヨーク朝のエドワード四世の政策が、一見、中世封建制への反動＝昔帰りと考えられたのも、あながち不思議なこととは言えない。

しかし、ランカスター朝のヘンリ五世 Henry V（在位１４１３—１４２２）治世における諮問会議と議会における庶民院の台頭は、ヘンリ五世自身の政策ないし希望によるものではなかったと、今日ではみられている。また次のランカスター朝最後の王ヘンリ六世 Henry VI（在位１４２２—１４６１／１４７０—１４７１）治世の「善政」、すなわち諮問会議の増強、法の正当なる施行、国家資力の増大および経済的繁栄に対する構想にしても、ランカスター派によって唱導された政策ではなくて、ランカスター政権の専横で独裁的な政治に憤激し、反逆心をいだいていた批評家やヨーク派貴族およびジェントリ（郷紳）によって唱導された諸政策だった。[5] したがって、スタッブズらの見解は、いくぶん真実とは逆だったと言えよう。

一四五〇年、英仏百年戦争（１３３９―１４５３）の時代にアイルランドからイングランドに戻り、政界の仲間入りをしたヨーク公リチャード（のちに国王となるエドワード四世の父リチャード・プランタジネット）は、庶民院による諮問会議の増強、王室府所要経費の要求および有効な王室領回収法（Act of Resumption）制定の要求をかかげて、すでに政策を実施しようと企図していたのであった。一四六〇年、ヨーク派貴族たちの声明書は、次のように不平を訴えている。「(ランカスター朝の）ヘンリ六世の王室府は、その御用官（調達官）たちによる王の臣下たちからの略奪の原因を生み出しており、王は名誉ある王室府の維持を可能とするイングランド王室の生活基盤[6]」を有していないと。そしてこのあとに、国王は自分自身の所領をその生活の基盤として暮らすことが望ましいという要望が続けられている。

それでは、ヨーク朝のエドワード四世はこのような前王朝による統治上の財政収支面における不合理・欠陥をどのようにして克服したのであろうか。すなわちエドワード四世が合法的にみずからの生活基盤である所領を有し、かつ経費不足のために臣下たちからの略奪によって維持されていた王室府を、専制政治に対する不平のない名誉あるものとするために、どのような財政政策・所領経営が企図されたのだろうか。本書ではこの点について、エドワード四世によって新たに始められた王領・王室領政策を、具体的に一次史料の分析に基づいて、実証的に解明したいと思う。(7)

その前に、「王領」と「王室領」の用語の意味の違いを明確にしておきたい。両者は同じような意味で使用される場合が多いが、厳密にいうと違う。「王領」は英語ではKing's Landsであり、「王室領」はCrown Landsと表記する。King's Landsは、もともとは私領であり、その持ち主が国王として君臨したとき、「王領」となる。これに対して、Crown Landsは、代々の王朝が相続してきたいわゆる公領を指していう場合が多い。両者の相違を厳密に区別することなく、広義には国王の所領を単に「王領」と表現することがある。

第2節　『クロウランド年代記』(Crowland Chronicle) の記述

王室領回収法[8]は、統治政策のいわば土地証文となった。エドワード四世の王室領回収政策は、主として財政上の問題に起因したことは言うまでもない。そのことは、『クロウランド年代記』の一四七五年[9]の条に次のようにあることからも明らかである。

その結果として領主である国王は、保証された光栄ある講和条件をもってイングランドに戻った。大変申し分のない、つまりこの上なく適当なものではなんらないので、話がこじれた場合には無効にならないとは限らないとはいえ、少なくとも国王軍の隊長たちはそのように（保証された光栄ある講和条件だと＝工藤註）みなしたのである。実際、この講和を直ちに非難しはじめ、その僭越ゆえに適当な処罰を受けた者たちもいた。またその郷里へ帰るやいなや、略奪や強盗に専念した者たちもいて、このゆえにイングランドには、商人や巡礼者たちにとって安全な道路はなくなった。

したがって領主である国王は、（犯人が）だれであろうと一人も宥すことなく、彼の裁判官たちを伴って国中巡回することを余儀なくされたのである。国王自身の役人といえども、窃盗か殺人で見つかった場合は、まず絞首刑を免れなかった。このように、（国王によって）一つの例外もなく遂行された積極的な処罰により、以後しばらくの間は、民衆の強盗行為はとだえた。なるほどこの用心深い君主が、このような害悪をもし積極的につぼみのうちに摘み取らないでいたならば、王国の富が不経済に管理されていることについて不平を訴える人々の数は、あらゆる者の金庫からかき集められて（国王により）同様に不経済に消費されていく財貨の量がふえるにつれて、増加し続け、そのことによって、国王の顧問官（Councillors）たちの首で、だれの首が安全でいられるかがだれにも分からないという危険な事態に発展したことであったろう。そしてとりわけこれは、フランス国王の友好ないし贈賄によって勧誘されて、上に述べた（フランスとの戦争の＝工藤註）調停を擁護するようにさせられていた者たちにとくにあてはまったのである。

　国王が内心深くこの事態に当惑を感じたということ、また人民が統率者をみつければいかに容易に暴動へと発展するかということについて、国王は人民の状態を普段からよく知っていたということは疑いない。それゆえに、事態が今やこのような形勢になっていたのであるから、今後国王は特別税（Subsidies）が必要な場合にもイングランド王国民にあえて特別税を要求せず、その上（実際にまさしく真実だったように）フランス遠征が、ごく手短に言えば、戦費不足のために短時間ではなんの成果もあがらなかったということを悟って、国王みずからの資産からと産業によって王位にふさわしい財貨を蓄積することにその全精神を傾注した。このために議会を召集して国王は、たとえ以前になにびとに授与されたものであろうとも、王家のほとんどすべての世襲財産を回収し、王家の所要経費を支えることにその全部を充てたのである。(10)

一四七五年にフランス遠征＝対仏戦争が行われたが、戦費不足のために失敗に終わり、(11)その結果イングランド国内の治安が悪化した。つまり、この戦争で成果＝敵からの略奪による己の利益を期待していた者たちは、あてがはずれたために、イングランド国内における略奪・強盗に専念して、戦争での出費を取り戻すと同時に、その成果をあげようとしたのであった。しかしエドワード四世は、そのような行為に対する積極的な処罰により、民衆への略奪・強盗行為を一時やめさせたのである。そして注目すべき点は、エドワード四世が直接王国全土を巡回し、「王国の富が不経済に管理されている」のをよく理解し、王およびその顧問官たちの怠慢な経済政策に不満を抱く不平分子をなくすために、なんらかの新たな経済政策を実施しようと決心するに至ったことである。すなわち、臣民の貧困、それに対しフランス国王ルイ十一世 Louis XI（ヴァロワ朝：在位１４６１―１４８３）の贈賄による背後からの勧誘によって、容易に暴動が発生しうる危険性を憂慮したエドワード四世は、人民に特別税を課さないことにしたのであった。そのためエドワード四世は、人民に負担をかけずに王室の所要経費を捻出するために、みずからの財貨蓄積を目的として、合法的に旧王室領の回収政策を実施したのである。[(12)]

またこの『クロウランド年代記』の別の条には、エドワード四世が入念に、王国中の信頼を置いている代理人たちに、王の城郭・荘園・狩猟園および森林を管理するように命じ、それによって都から離れた辺境や遠隔地における者たちの王への奉仕を十分に確実なものとしたとある。概してこのことの方が王室領回収政策ではより重要なこととして機能した。[(13)]なぜならば、エドワード四世は、王領・王室領全体に王に直属する役人たる出納官（Receivers）網を張りめぐらせることによって、所領歳入の増加を企図し、同時に辺境や遠隔地を王の直接の監督下に置くことに成功したからである。つまり、地方分権的な封建制度に対して、中央集権的な楔（くさび）を打ち込んだのである。

第3節　エドワード四世による勅語

一四六七年の第三議会第一会期で、エドワード四世は、庶民院に対して次のような勅語を発している。

しかしてまた〔庶民院議員たちがその議長ジョン・セイ John Say を選出した一四六七年六月六日の〕次の土曜日、領主である国王は、みずからの口で、以下のごとく、前述の庶民院議員たちに話した[14]。

余のこの国の庶民院議員たちのために開かれる余のこの議会（Court of

Parliament）に出席したジョン・セイならびになんじら議員諸君。余が当議会を召集した理由は、余が余自身の所領で生活しようと考えているということと、それからこれまでこの国の庶民院議員たちによって必要な場合に余の先祖たちのためになされ、負担に耐えてきたような余自身の都合よりはむしろ、余の臣民自身の福利を一層増大させることや、さらに臣民およびこの余の王国を防衛することに関係のある重大でさし迫った諸理由を除いては、臣民に課税しないということである。その点で余は、なんじら議員諸君、余のこの国のすべての庶民院議員たちが、これまでいかなる庶民院議員といえども、余の当該先祖たちのだれにでもしてきたごとくに、課税が必要な場合には、余に優しく親切にしてくれるものと信じる。またなんじらが、これまで常に余の負担に耐え、変わることなく示してきた好意・親切および忠誠心に対して、余は可能な限り心から感謝の意を表し、まさに来るべきときにおいても、余のなんじらに対する信頼は変わるものではない。そしてこれについては、神の恩寵により、余はなんじらに十分に仁慈深い国王として在り続けるであろうし、また過ぎ去りし日に余のこの王国の庶民院議員たちに関して余の先祖たちのすべてがかつてなしたごとくに、なんじらに関しても正しく賢明に統治するであろう。またさらに、（課税が）必要な場合には、なんじらおよび余のこの王国の福利と防衛のためには、たまたま生じるかも知れないどのような危険にも骨身も命も惜しまず、そのこと（＝福利と防衛）に専念するものである。[15]

エドワード四世は、当議会を召集する理由は、①王がみずからの財産＝所領で生活をしようと考えていること、②王自身の都合よりもむしろ臣民の福利を一層増大させることや臣民および王国を防衛することに関係する重大かつ緊急のとき以外は、臣民に課税しないことにあるとしている。換言すると、王は、特別な理由を除いて、臣民に課税しない代わりに、本来王室に帰属すべきすべての旧王室領（Old Crown Lands）を王自身の管轄下に置きたいと主張しているのである。[16]

この勅語は、ランカスター政権下における初期の議会で反対され、実施できなかった諸政策を、ヨーク政権下で実施できるようにするために、エドワード四世が庶民院に協賛および同盟を申し出たものだった。この勅語をプレリュードとして同年「王室領回収法」（Act of Resumption）の制定を見、エドワード四世の意図は成就する。[17] よって一次史料であるこの「王室領回収法」をここで具体的に明示することは、歴史的に重要かつ意義あることと考える。史料文が途中から編集者によって省略されてはいるが、敢えてその内容を詳らかにしたい。

第４節　一四六七年のエドワード四世の王室領回収法

国王の大荘園（Honour）、所領（Estate）および所有地（Property）に関する種々のいわれや斟酌について、その上、王国と、王国の国王の臣民たちの公共の福利、防衛、安全および繁栄のために、召集された当議会の聖・俗両貴族院議員ならびに庶民院議員の助言と協賛によって、また当議会の権威によって、以下のことが定められ、規定され、かつ制定される。すなわち国王は、イングランド、つまりコーンウォール公領、ウェールズ、およびチェスター伯領の、あるいはイングランド、アイルランド、ウェールズおよびその辺境地方、ギズネス Guisnes、カレーおよびその辺境地方の君主であるという理由により、以下の諸財産を、過ぎしイースター（復活祭）をもって国王が有し、取得し、掌握し、保有し、かつ享有すること。すなわちその治世第一年三月四日以降のいずれの日においても、国王が掌握し、所有していたすべての大荘園、城郭、領地（Lordships）、町、町区、荘園、土地、保有財産（Tenements）、荒蕪地、森林、狩猟権（Chase）、地代、年金、定額請負料（Farms）、フィーファーム（Feefarms）、復帰財産、奉仕、収益、利益および日用品を。また国王のランカスター公領の一部分として、同四日ないしそれ以降のいずれの日においても国王に属した以上の諸財産を。また最近まで在位し、正しからざるイングランド王ヘンリ六世の失権によって、当該四日以降に開かれたいかなる議会の権威によってであろうとも、当該三月四日以降に私権を剥奪されたか、さもなければこの国のコモン・ローの手続きをふんで私権を剥奪されたなにびとかにかかわる上記諸財産を。また国王のいずれかの璽を捺印の上、単純封土権（Fee Simple）、限嗣封土権（Fee Tail）、生涯権（Term of Years）として国王からなにびと（一人あるいは複数）かに渡された上記諸財産を。しかしてまた当該三月四日ないしそれ以降のいずれの日においても上記諸財産で国王が自分の所領も同然に有している所領があった場合は、それらのすべてを当該イースターをもって、国王がここに保有し、かつ享有すること……[18]

For divers causes and considerations concerning the honour, estate and property of the king, and also of the common weal, defence, surety and welfare of the realm, and his subjects of the same, it is ordained, enacted and established, by the advice and assent of the Lords Spiritual and Temporal, and Commons, in this present Parliament assembled, and by authority of the same; that the king, from the feast of Easter last past, have take, seize, hold and enjoy all honours, castles, lordships, towns, townships, manors, lands, tenements, wastes, forests, chase, rents, annuities, farms, feefarms, reversions, services, issues, profits and commodities which he was seized and possessed on the 4th day of March, the first year of his reign, or any time after, by reason of the Crown of England, the duchy of Cornwall, principality of Wales, and earldom of Chester, or any of them in England, Ireland, Wales and Marches thereof, Guisnes,

Calais and Marches thereof, or that appertained or belonged to him the same 4th day or any time since, as parcel of his duchy of Lancaster, or by the forfeiture of Henry the Sixth, late in deed and not in right king of England, on any person attainted since the said 4th day of March, by authority of any Parliament holden since the said 4th day, or otherwise attainted by the course of the common law of this land, and passed from the king under any of his seals, to any person or persons, in fee simple, fee tail, term of life, or term of years. And that the king from the said feast of Easter, here, hold and enjoy every of the premises, in like estate as he had them the said 4th day of March, or any time after....

以上の一四六七年法は、編集者のウルフ B. P. Wolffe によって途中から省略されており、全文でないのが残念であるとはいえ、同法の要点だけは十分言い尽くされているように思われる。

ではその要点をまとめてみよう。

㈠ エドワード四世治世第一年三月四日以降に王が掌握していたすべての大荘園、城郭、領地、町、町区、荘園、土地、保有財産、荒蕪地、森林、狩猟権、地代、年金、定額請負料、フィーファーム[19]、復帰財産、奉仕、収益、利益および日用品を、イースターをもって、エドワード四世が保有する。

㈡ 同四日以降に、ランカスター公領の一部分としてエドワード四世に属した上記諸財産をエドワード四世が保有する。

㈢ 同四日以降に、ヘンリ六世の失権に伴って合法的に私権を剝奪された者に属する上記諸財産をエドワード四世が保有する。

㈣ エドワード四世から単純封土権、限嗣封土権、生涯権、または定期不動産権として与えられていた上記諸財産をエドワード四世が保有する。

㈤同四日以降、上記諸財産でエドワード四世が自分の所領も同然に有していた所領があった場合、同イースターをもって正式にエドワード四世の保有とする。

一四六七年法には全部で二八一カ条から成る特別免除条項（Clauses of Special Exemption）がつけられていたようであるが、[20] それらの内容を明確にすることができない。ただ一四六七年法の条文がかつての王室領回収法の条文内容よりも徹底的であったと言われることから類推すれば、回収免除に関する一般条項もまた一層慎重に表現され、かつ包括的意味を含むものであったと想像される。また議会の同法案起草者たちは、それまでの王室領回収法の法案作成という実践によってそのことに熟練した者たちであったという。[21]

第5節　国王の窮乏から起こってくる害悪とその対策

ランカスター政権下にあっては、当座の消費をすべての財産から利用できる当座の総収入という面において、国家による債務の弁済能力・国家経済に統治上の不合理・欠陥があった。[22] その不合理・欠陥とはどういうことかというと、次のサー・ジョン・フォーテスキュー[23] Sir John Fortescue（１３９４?―１４７６?）の記述から読み取ることができる。彼は、ランカスター政権下のこの不合理・欠陥により「国王の窮乏から起こってくる害悪」について、次のように分析し、ヨーク朝のエドワード四世に警告を与えている。

まず第一に、もし国王たる者が貧しければ、王はやむをえずその支出金を獲得し、信用（Credit）および借用（Borrowing）によって、その地位（を維持するため）に必要なすべての物を購入するであろう。このことによって国王の債権者たちは、国王が消費する全体のうちの四割ないし五割を国王から奪い取ることとなる。そして確かに、国王は、その総収入のうちの四割ないし五割を支払うときが失うときであり、そこにさらに、法外な高利と借用とが、借金している国王の窮乏を増大させるのであるから、絶え間なく貧乏になっていくこととなる。……このような借用の仕方は、大領主たちを彼らの臣下たちよりも貧乏なものにしている。これはなんと不名誉なことであり、国王たる者の栄光を弱めていることか！　しかもなおこのことは、国王にとって最も危険なことなのである。王の臣民にしてみれば、財布の中は空っぽ、けれども自分が仕えようとした場合に自腹を切って奉仕しなければならないという、そんな国王について行くよりもむしろ、富裕でしかも自分たちの報酬や出費を支払える領主の方に、どちらかといえば、ついて行くであろうから。(24)

これは一四七一年から一四七六年ころの晩年のフォーテスキューの見解とされている。(25)しかしこの見解の基礎はすでに前王朝最後のヘンリ六世の治世にあったようである。[26] 国王は物資購入のため、歳費の四割か五割を失った。国王は、歳費・総収入のうちの残りの五割か六割で生活することになるが、これだけでは足りず、結局また融資を受けるという悪循環を繰り返すことになった。また国王は、債権者たちに、歳入のうちの四割か五割を返済したとしても、全額返済を完了した訳では必ずしもなく、まだ未返済分と、ほかに法外な高利も残っており、結局国王の窮乏は年々増大し続け、財政は逼迫した。このような場合、国王はしばしば、自己の役人たちや家臣団——騎士、エスクワイア（見習い騎士）およびヴァレット Valets（身の回り世話人）など——に給与や年金を支払わないで踏み倒すこともあった。フォーテスキューは、王室財政が逼迫すれば、役人や家臣団が王室から離れ、王家の滅亡につながると指摘したのである。

それゆえ、このような前王朝の財政収支面における不合理・欠陥を矯正しようとする意識的な努力が、王室の財源拡大政策として、すでにヨーク朝初年の一四六一年から断続的に行われていたのである。たとえば、一四六四年にエドワード四世は、未納の場合は没収の刑に処すという条件で、土地、年金、官職および国家功労年金（Pensions）を生涯ないし気の向いているあいだ保有しているすべての者たちからその年収の四分の一の徴収を行っている。[27] さらに前述の一四六七年法のほかに、一四六一年の第一議会、一四六五年の第二議会（一四六三～六五年）第二会期、一四七三年の第四議会（一四七二～七五年）第三会期にもそれぞれ王室領回収法が制定され、王室財政の安定化が図られた。それと同時に、これらの王室領回収法は、王領からあがる収入で賄われたすべての年金、国家功労年金およびそのほかの王室からなにびとかに終身貸与された授与（Grace-and-Favour Grants）について念入りな精査を行うための機会を提供し、このため多くの特別委員（Special Commissions）が任命され、王領管理の改善という特別な任務に着手することとなる。[28]

一四六一年法は、多くの所領を王室領に併合・服属せしめたが、その主なものは、ランカスター公領、ヘンリ六世の妻であるマーガレット王妃所領、テューダー家所領（ヘンリ六世が従兄弟ヤスパースとエドモンドに与えた王室領）、ボウファト家所領などである。国王は王室領の増大を企図する一方、王権を強力ならしめるため、王の一族とくに王弟クラレンス公ジョージとグロスター公リチャード（のちのリチャード三世）に没収所領の大半を授与した。[29]

一四六五年法および一四六七年法は、王家の基本財産（Endowment）を完成させた。まず一四六五年法の施行は旧王室領に限定されたのであり、ヨーク家が以前保有していた所領、最近没収されて再び人手に渡ったすべての土地は、一四六五年法の対象からはずされた。[30] 一四六五年法には、公共団体および王室の官吏・役人たちの諸権利を保護している一般条項とは別に、二八八カ条から成る回収特別免除条項がついていた。[31] 言うまでもなくこれらの回収特別免除の認可は、国王に一任されていたのであり、この回収特別免除の背後の利害をめぐって種々の裏取引が行われたと想像される。[32] 一四六五年法では、年四、〇〇〇ポンド以上にも達する国家功労年金がそのまま回収されずにいたが、一四六七年法では、国家功労年金の支給をかなり切り詰めなければならなかった。一四六七年法はまた、いかなる権原（Title）といえども、王室の統治が始まって以来王室に帰属するという原則に準拠して、全部の土地にそれを適用することができるようにされたのである。[33]一四六五年法は、王室領およびヨーク所領に属する授与地を僅かに無効とし、それらを回収するにとどまったが、[34]一四六七年法は、人手に落ちていた私有所領をも対象とし、回収したうえで、それらを再度授与した。また、ウォリック伯 Warwick に対して、定期賃借権（Leasehold）という条件で与えられていた授与地は、回収されたとはいえ、これはごく僅かな回収であった。しかしそのほかの指導的な有力者たちに対して行われていたすべての授与は、一四六五年法の場合と同様、尊重された。[35]要するに、これらの二つの法によってランカスター公領、コーンウォール公領、チェスター伯領、ウェールズおよび父ヨーク公の所領がエドワード四世みずからの管轄下に置かれることとなった。また王弟クラレンス公およびグロスター公、さらにエドワード四世の王妃エリザベス Elizabeth

Woodville に対して没収所領を追加授与し、王家への所領授与をほぼ完了させた。とくに、一四六五年法は、王妃エリザベスへの大規模な所領の授与を認めたものであった。なお、没収所領の処置に関しては、一四六五年法では、ヘンリ六世とその王妃マーガレットの所領を除き、国王は自由に扱うことができなかったが、一四六七年法によってはじめて、国王の自由裁量下に置かれることが規定された。[36]

一四七三年法は、一四六七年法と同様に、徹底的なものであった。すなわち一四七三年十二月二十一日をもって、国王の公的所領であれ私的所領であれ、全部が回収されており、また一部の例外を除いてすべての授与も取り消されたのである。[38]つまり、これまでの王室領回収法は王権行使の面でまだ不備な点が残されていたため、一四七三年法はそれらの不備な点を補う目的のもとに、エドワード四世治世最後の王室領回収法の集大成として制定されたものにほかならない。とくに一四七三年法は、一四七〇年にランカスター政権がしばし復活した——ヘンリ六世は一四七〇年から七一年までの間王位を復辟(ふくへき)した——ことによって影響を受けた王室領ならびに官職の処分に関する再吟味として、必要とされたものであった。それはまた、財産管理上の伝統的な慣習を通じて、野心家クラレンス公の危険に拡大し続ける勢力――クラレンス公は、ウォリック伯の娘婿であり、両者は盟約を結んで一四六九年に反乱を起こした――の、いわば平和的止め轡（ぐつわ）を狙いとするものでもあった。[39] 以下、その内容の主な点を簡単に整理する。

㈠ ヘンリ六世の復位期に新しく整備された王室領を元の状態に戻す。

㈡ このような王室領の再調整を口実に、議会の権威によって、強大化するクラレンス公の所領を国王のもとへ吸収することを試みる。

㈢ 王室領の経営は完全に王権の管轄下に置かれる。

㈣ 国王は私権を剥奪された者の没収所領を自由に処置しうる。

㈤ エドワード四世治世初年以来の膨大な財政借入金の返済に際し、返済充当金として、ヨーク、マーチ、ランカスター、ウェールズ所領の収入を充てる。[40]

なお、一四七三年法の回収特別免除条項は、二二一カ条に及んだ。これによってグロスター公および上下貴賤の宮廷の寵臣全員の授与・授与地は回収はされなかったが、クラレンス公へ与えられていた授与・授与地は回収されてしまった。(41)

王弟クラレンス公の所領は、一四七〇年に、ウォリック伯と共謀して謀反を起こした科（とが）により所領の一部が没収され、一四七八年に、私権剥奪法の適用によって残りの領土が最終的に没収された。

以上のようにして政府は、一四六一年から一四七〇年までの間の累積借入金に対する返済能力を可能なものとし、王室の財政的基盤は安定化するに至ったのである。すなわち、ここにエドワード四世による王室領掌握の体制がほぼできあがったと言える。

なお、(42)十五世紀イングランドおよびウェールズの各所領の分布状況については、〔地図Ⅰ〕（次頁）を参照されたい。

〔地図Ｉ〕

ENGLAND
in the
15TH CENTURY
by K. B. McFarlane
Natural Scale 1:2,900,000
REFERENCE
Boundaries between England and Wales and between England and Scotland
Royal Franchises
The March of Wales
Private Franchises: Lay
Ecclesiastical
Towns returning members to Parliament
Hereford
Scarborough
Distribution of Principal Lancastrians and Yorkists
KING = Royal Lands, including the Duchy of Lancaster (excluding Franchises)
BEAUFORT = Duke of Somerset
STAFFORD = Duke of Buckingham
DE LA POLE = Duke of Suffolk
COURTENAY = Earl of Devon
PERCY = Earl of Northumberland
Lancastrians
YORK = Duke of York
MOWBRAY = Duke of Norfolk
NEVILLE = Earls of Salisbury and Warwick and Lords Abergavenny and Fauconberg
Yorkists
Edinburgh
York
Lincoln
Norwich
Ipswich
Hereford
Worcester
London
Rochester
Canterbury
Dover
Winchester
Southampton
Exeter
Dartmouth
Lynn
Meridian 0 of Greenwich

まとめ

ノルマン王朝以前のイギリスでは、国王は鷹揚(おうよう)でなくてはならず、臣下のあてにならない誠実をあてにして政治を行っていた。ノルマン王朝のウィリアム一世William I（在位１０６６―１０８７）によって大陸から封建制度が移入されると、イギリス封建制の特徴とも言える集権的封建制が敷かれる。征服王朝ゆえに王権の強化が絶対的に必要だったからである。時代とともに徐々に王権の強化＝中央集権化が進み、中世末期には絶対王政へと移行していく。

周知のように、絶対王政の基本的な特徴は、王が行政スタッフである官僚を抱え、常備軍を保持することだった。この有給の二つを維持するために国王は莫大な富・資金を必要としたのである。そのために国王は土地を集積し、ときに教会財産を没収して国家を一円化すると同時に、重金主義や重商主義を推進した。

百年戦争時代には、一般に、「国家」という概念すらなく、領土の相続や争奪によって大きく国境が変わる時代であった。イギリス絶対王政の成立過程には、百年戦争でフランスに敗れた挙句、ランカスター家とヨーク家によるバラ戦争[43]（１４５５─１４８５）という内乱が続発したことが大きく作用している。イギリスでは、この内乱を通じて、国王のライバルでもある旧貴族がほぼ絶滅した結果、ひとり王権が強化された。その絶対王政は、一般的には、新たに興ったテューダー朝初代のヘンリ七世の時代に成立し、第二代ヘンリ八世 **Henry VIII**（在位１５０９─１５４７）の時代に、父王が改組した星室庁裁判所を引き継ぎ、残存する敵対者を次々に処刑して王権の強化を一層強めたとされる。またヘンリ八世は、修道院を解散してその富を奪い、宗教改革を断行してイギリス国教会の首長として教会勢力を支配下に置いた。[44]さらに毛織物産業をはじめとする国内産業を発展させた。かくてイギリス絶対王政は、周知のように、エリザベス一世 **Elizabeth I**（在位１５５８─１６０３）の時代に隆盛を極めたのである。

その後、ステュアート朝時代に、王権神授説によって、王権は一層絶対化されてゆく。

本章ではそのイギリス絶対王政の萌芽をヨーク朝のエドワード四世に求めた。その第一歩が、議会の協賛による王室領の回収から始まったと考えられる。国王がさまざまな地方的な慣習法に束縛されることなく立法できるようになり、いわゆる一円的な「主権国家」——まだ近代的な意味での「主権国家」ではない——への第一歩がまさにここに築かれたと言えよう。もちろん、これだけでは不十分であり、次に、官僚制の形成についてはどうだったかという点に思いが及ぶ。次章以下では、官僚制の萌芽・先駆について考察を加えてみたい。

註

（1）大野真弓「イギリス絶対主義の先駆　エドワード四世について」（『横浜市立大学論叢』第6巻、第3・4号、一九五五年）、尾野比左夫『イギリス絶対主義の成立過程』（比叡書房、一九七八年）など。

（2）イギリス中世封建制国家にあっては国王もその他の権力保持者と同様に、「自分の行政費用は自分自身の財源で賄わなければならない」というのが原則だった。エドワード四世のこの行為は一見中世への昔帰りのように思えるものの、結果的には、中世には見られなかった国王の所領管理のための官僚網の発展を招来し、さらには近代的な「官僚制」を生み出す出発点となってゆく。その発展過程の詳細については、成瀬治『近代国家』の形成をめぐる諸問題――『等族制』から『絶対制』への移行を中心として――」（吉岡昭彦・成瀬治編『近代国家形成の諸問題』木鐸社、一九七九年、所収）のとくに第二章参照。

（3）B. P. Wolffe, *The Crown Lands 1461 to 1536: An Aspect of Yorkist and Early Tudor Government*（以下 *The Crown Lands* と略記）、George Allen and Unwin Ltd, London: Barnes and Noble Inc, New York, 1970. p. 51.

（4）Cf. William Stubbs, *The Constitutional History of England in its Origin nd Development*, Oxford:Macmillan and Co., London, MDCCCLXXVIII (Second Edition). Vol. III.

（5） *The Crown Lands*, p. 51.

（6） *Ibid.*, p. 52. 原典は、*An English Chronicle*, ed. J. S. Davies, Camden Society, 1856. pp. 86–87. 引用文（訳文）中の傍点は筆者（工藤）による。

（7） わが国においてこの分野を取り上げた論文としては、城戸毅「十五世紀英国の国家財政」（『土地制度史学』第十八号、一九六三年）があり、筆者も同論文に負うところ大であった。

城戸論文「十五世紀英国の国家財政　財務府出納部の帳簿から」（『ヨーロッパ身分制社会の歴史と構造』所収、一九八八年）に関する北野かほるによる書評に次のようにある。十五世紀前半、ランカスター政権下のヘンリ四世期の国家財政状況は、「国王の現金収入は、三年間の例外を除き、常に乏しく、現金残高に至っては、治世の中期までほとんどないに等しい状況であった」と。そのため、「財政を評議会を通しての綿密な監督下に置く方針が採られた」という。――北野かほる書評（『法制史研究』一九八八巻、三八号、創文社、一九八九年）。

（8）王室領回収法の制定は、主に財政上の理由により、一四五〇年および一四五一年に、気乗りのしないランカスター政権が余儀なくさせられたものだった。一四五〇年の「第一次王室領回収法」については *The Crown Lands*, pp. 92–93 を参照されたい。またランカスター政権下の王室領回収法を扱った論文としては次のものが挙げられる。 B. P. Wolffe, 'Acts of Resumption in the Lancastrian Parliaments 1399–1456.' *The English Historical Review*, Vol. LXXIII (1958).

（9）「一四七六年説」もある。 B. Wilkinson, *Constitutional History of England in the Fifteenth entury (1399–1485)*, Longmans, 1964. p. 275.

（10）The Croyland Chronicle: '*Historiae Croylandensis Continuation.*', *in*

Rerum Anglicarum Scriptores Veterum, ed. W. Fulman (Oxford, 1684), I, p. 559, quoted in *The Crown Lands*, pp. 104–105. 訳文中の（　）内は原文のまま。

（11）一四七五年、エドワード四世による、フランス遠征費用の引き出し方法については次の史料を参照されたい。
A. R, Myers (ed.), *English Historical Documents 1327–1485*, Eyre and Spottiswoode, London, 1969. pp. 527–528.

（12）ところで、エドワード四世の王室領回収法は、一四七三年法が最終法であるから、この一四七五年のフランス遠征の結果、王室領回収政策が実施されたとする『クロウランド年代記』の記述は年代的に一致しないのであるが、これは一四七三年法に基づいて一四七五年にも回収政策が実施されたと解釈すべきであろう。

（13）*The Crown Lands*, p. 53.

（14）この前文はおそらくあとで議会議事録（Parliament Roll）に記載するときに書記官によって付け加えられたものと考えられる。

（15）Rotuli Parliamentrum, V, 572, quoted in A. R. Myers (ed.) *op. cit.*, p. 102.　訳文中の傍点および（　）内は訳者（工藤）による補足。

（16）ここで問題になるのは、王国の福利と防衛とは言うものの、臣民から財政上の援助を必要としていることには変わりはなく、具体的に一体何が「重大でさし迫った諸理由」なのかを、エドワード四世自身を除いて、だれが判断することになるのかという点である。筆者は、この点にもエドワード四世の財源拡大政策の巧妙さを認めざるをえない。

（17）前註（16）で述べたように、この勅語の内容から考えて、どれほどの衝撃があったかは分からないが、結果的に法案が議会を通過したこと自体驚きであり、庶民院の王に対する従順性はかなり高かったように思われる。ここに「従順議会」という点において、すでに絶対王政の片鱗が窺える。

（18） Rotuli Parliamentrum, V, 572, quoted in *The Crown Lands*, pp. 102–103.

（19） フィーファームとは、「保有料付自由保有」のことであり、その不動産権は単純封土権（Fee Simple）であるが、毎年一定の保有料を永久に領主に支払う義務があり、主君すなわち領主への忠誠の義務などの付随条件の負担のないものをいう。

（20） A. R. Myers (ed.) *op. cit.*, p. 526; James H. Ramsay, *Lancaster and York: A Century of English History (A. D. 1399–1485)*, 2 vols. Vol. II, (1437–1485), The Clarendon Press, Oxford, 1892. p. 324.

（21） なお、一四六七年法によって王室にもたらされた種々の成果は、反逆的なクラレンス、ウォリックおよびジョージ・ネヴィルらが一四六九年にカレー声明書（Calais Manifesto）でエドワード四世の政策をなじったことから、エドワード四世個人に帰したようである。このカレー声明書については、J. O. Halliwell（ed.）*Warkworth's Chronicle, Camden Society,*

1839. p. 51 参照。

（22）この点については、尾野比左夫「BASTARD FEUDALISM における財政史的一考察――ランカスター朝治世における封建貴族の財政――」（『ノートルダム清心女子大学紀要』第三号、一九六七年）が参考となる。

（23）フォーテスキューのプロフィールについては次の通りである。

▽王座裁判所主席判事（一四四二年）

▽リンカン法学院地方長官（一四二五、二六、二九年）

▽上級法廷弁護士（一四三〇年）

▽ノリッジおよびヨークシャー騒擾に関する委員会メンバー（一四四三年）

▽ランカスター派とみなされ、エドワード四世に私権を剥奪される（一四六一年）

▽赦免されてエドワード四世を承認する諮問会議の一員となる（一四七一年）

▽ランカスター家を表題とする防衛関連の批判的な論文をいくつも書いたため、一四七一年にランカスター家に忌避される。

▽皇太子エドワードを擁護し、「イングランド王国統治論（*On the Governance of the Kingdom of England*〔*De Dominio Regali et Politico*〕）」を著す（初版一七一四年）

The Concise Dictionary of National Biography, Part I, From the Beginnings to 1900, Founded in 1882 by George Smith, Oxford U. P.

（24）Sir John Fortescue, *The Governance of England: Otherwise Called The Difference between an Absolute and a Limited Monarchy*, ed. Charles Plummer, 1979, (Hyperion Press). pp. 118–119. 訳文中の（　）内は訳者（工藤）による補足である。

（25）*Ibid.*, pp. 207–210.

（26）*Ibid.*, p. 207.

（27）*Cal Close Rolls, 1461–1468*, pp. 230, 259, quoted in B. P. Wolffe, '*The Management of English Royal Estates under the Yorkist Kings*,'（以下 *The Management* と略記）, *The English Historical Review*, Vol. LXXI（1956）. p. 1. この徴税は、一〇マーク以上の年価値がある土地等々にのみ適用された。それは要するにタリジ（Taillage：戦時強制賦課金）であり（*Ibid.*, p. 1, note 3）、伝統的なものであって、新しい政策ではなかった。

（28）たとえば、上級法廷弁護士のトマス・ヤング Thomas Young には国王のすべての臣下たちからの活動とグルーズ Gloues にある土地の状態を調査させた（*Calendar of Patent Rolls, 1461–1467*, p. 553, 28 November 1466）。イングランド全体を通じていろいろな人々に国王の土地に関する腐敗定額請負料・腐敗地代を調査するようにさせた（*Ibid.*, *1467–1477*, pp. 405–408, 429–430, 18 August 1473）。*The Management*, p. 1 note 4.

（29）尾野比左夫「ヨーク朝における貴族統治の特質――エドワード四世の貴族統治政策――」（『史学研究』第一二一・一二二合併号、一九七四年）、七四頁。

（30）J. H. Ramsay, *op. cit.*, II, p. 310.

（31）*Ibid.* 回収特別免除条項によって没収されなかった授与地は、城郭や森林のある領地から、三エーカーの小農場（Croft）しかついていない小家屋（Cottage）にいたるまであらゆる種類の所領を含んでいるゆえ、価値を見積もるのは不可能である（Rotuli Parliamentorum, V. 514-548, quoted in J. H. Ramsay, *op. cit.*, II, p. 310）。なお、法律家たちは限嗣封土権（Entails）や封土授与使用権（Feoffments to Uses）という知恵を用いて、没収からその所領を守ることに成功したと言われる（J. H. Ramsay, *op. cit.*, II, p. 311）。

（32）たとえ没収される反逆者の数が多かったとしても、見返りを求める功臣の数はさらに多く、そしてこのようなことは常に必然的なことであるということを庶民院は知っていた。かくて庶民院の予想通り、一四六五年法は承認されたとはいえ、これらの回収特別免除条項は、背後になんらかの利害関係をもつすべての人々を「ペテンにかけた」とあるが、このペテンの具体的な内容については、残念ながら筆者には不明である。

（33）J. H. Ramsay, *op. cit.*, II, p. 324.
（34）Rotuli Parliamentorum, V. 572–613, quoted in J. H. Ramsay, *op. cit.*, II, p. 324, note 5.
（35）J. H. Ramsay, *op. cit.*, II, pp. 324–325.
（36）尾野比左夫、前掲「ヨーク朝における貴族統治の特質」七四頁。
（37）法案にはこの年月日のほかに別の年月日も記されていることから、同法案が第四議会第三会期からとりあげられたとはいえ、それが最終的に決定されたのは、一四七四年になってからだったようである。

（38）J. H. Ramsay, *op. cit.*, II, pp. 395–396.

（39）*The Crown Lands*, p. 53.

（40）尾野比左夫、前掲「ヨーク朝における貴族統治の特質」七四—七五頁。

（41）Rotuli Parliamentorum, VI. 71–98, 161, quoted in J. H. Ramsay, *op. cit.*, II, p. 396.

（42）C. W. Previté-Orton and Z. N. Brooke (eds.), *The Cambridge Medieval History* Vol. VIII, *The Close of the Middle Ages*, Cambridge U. P., 1969 (First Edition 1936). Map 84.

（43）尾野比左夫『バラ戦争の研究』（近代文藝社、一九九二年）参照。

（44）工藤長昭「ヘンリ8世の小修道院解散について——小修道院解散の真の原因は何であったか——」（『フラターニティ』第3号、明大西洋史OB研究会、一九九四年）参照。

第2章　王室府運営における財源拡大政策

はじめに

エドワード四世は、「王室領回収法」を制定して王室領の回収政策を実施し、王権の強化に努めた。この政策は伝統的な政策であったが、王室領回収政策に伴って、エドワード四世は、新たに革新的で永続的な財源拡大政策を実施する。この新たな財源拡大政策が、イギリス絶対王政における「官僚制」の発端・先駆けとなったと考えられるのである。本章ではこれらの点について、国王による財務府宛の「令状」（Writ）等の一次史料（基礎史料）の分析を中心として、考察を加えてみたい。

このあと見るように、「令状」の内容は、類似の繰り返しが多いが、この「類似の繰り返し」が多いことこそが新体制＝絶対王政を生み出すことの重要な意味または手がかりを持つものと理解される。よって、この後の全章を通じてやや冗長な文章となるが、敢えて「令状」の全文試訳を掲載し、詳細な論述を試みたい。

第1節　王室府運営の強化政策

政府の支出部門で多くの批判の的となったのは王室府だった。もし王室府が土地に依存して生きるとすれば、その規模において、またそれが地方で行動をとったごときその独断性においても、統制・訓練性のなさにおいても、膨張し、かくてこれは著しい浪費となった。中世の王室府は、国王の権威と活動の本質的ないわば「発電所」だったことは言うまでもない。一四七四年十一月二十六日付でエドワード四世の諮問会議の顧問官に任命されたサー・ジョン・フォーテスキューは、その著作の中で王室府について次のように述べている。[2]

国王の毎年の出費は、通常諸経費および臨時諸経費にある。……いま筆者が記憶せる通常諸経費は、これら、すなわち王室府、国王の納戸部（Wardrobe）である。そしてたとえ国王が、これまでとは全く違った王室府にしたいと現在思っているにせよ、あるいは今後（それを）望むにせよ（そうである）。それにもかかわらず、国王陛下は、その名誉と安全さのゆえに、貴族、騎士およびスクワイア（見習い騎士）、その他の者たちを、それも大勢で、すなわちこれまでの王室府以上の者たちを、さらにみずから従えていくことになる。(3)

The kynges yerely expenses stonden in charges ordinarie, and in charges extra ordinarie …… The ordenarie charges, wich pe writer hereoff can nowe remenbr, be this; the kynges housholde, his warderob. And how so be it pat the kynge liste now, or will hereaftir, make his howshold lesse than it was wonned to be; yet his highnes shall pan haue therefore abouute his persone, ffor his honour and suyrte, lords, knyghtes, and sqviers, and oper, in also grete nombr or gretter than his howsolde was wonned to be.

バラ戦争（１４５５—１４８５）という政治的混乱時代であったことと考えあわせ、「その名誉と安全さのゆえに」、国王が王室府を大きく膨れ上がらせることがあったとしても、逆にそれを縮小させるようなことがあったとはほとんど考えられない。チャールズ・ロス Charles Ross によれば、エドワード四世の王室府は、一年につき大体一一、〇〇〇ポンドないし一二、〇〇〇ポンド以上の予算がなければ効果的にその財政処理をすることができなかったと言われる[4]。

そこで、常に維持されてきたわけではなかったとはいえ、エドワード四世は、ヘンリ六世の宮廷の「費用ばかりかかって非能率」（'Expensive inefficiency'）、しかも「みすぼらしい貧窮」（'Shabby indigency'）とは明白な対照をなしたところの資力および能率面、つまり王室府を国王の権威と活動の本質的な「発電所」たらしめるという点において、その資力および能率面（この「能率」の具体的な意味はのちに明らかとなる）の新たな基準を据えたのである。[5] これによって、王室府による民間からの過度な調達に対する四季を通じての苦情は、一四六一年から一四八二年の間、議会議事録（**Parliament Rolls**）から消えた。その理由をマイヤーズ **A. R. Myers** は、有効な規正、布告、規律によって試みられた結果だったと記述している。[6] 結局エドワード四世は、王室府運営費用を、ランカスター朝のヘンリ六世は言うまでもなく、テューダー朝のヘンリ七世のそれ以下に引き下げたが、この後見るように、それでもなおエドワード四世はどうにか壮麗で見事な宮廷を保つことに成功したのである。

ヨーク政権下の世論による評価では、当座の王室府諸経費には規則正しい正当な収入が充てられるのが大いに望ましかった。[7] 一四六二年二月十九日付でエドワード四世は、財務府長官（**Treasurer of the Exchequer**）ならびに同顧問官(**Barons of the Exchequer**)宛てに次のような一通の「令状」を発している。

神の恩寵により、イングランドならびにフランスの国王でありアイルランドの領主であるエドワードは、余の財務府の長官ならびに顧問官たちに挨拶する。なんとなれば、余は毛織物検定（Ulnage）からと同様に都市およびバラ（Boroughs）、土地および保有財産からもまた、余の財務府の例年の記録簿（Roll）の中に書いてある四〇シリング以上の年価値につき、あらゆる種類の定額請負料（Farms）およびフィーファーム（Feefarms）を、余の王室府経費として割り充てたからである。しかしてある熟慮が余をして、当該定額請負料が、他の用途としてではなく、余の当該王室府に充てられることを快しとさせるがゆえに、余はなんじらがこのたびイングランドの余の数州のシェリフ（Sheriffs）たちに届ける財務府記録簿（を作成するため）の召喚状（Summons）に記されている当該定額請負料（の徴収）を実施しないようにということを、なんじらに望み、かつ命じる。しかしていやしくもなんじらをして（以上のことに）反せしめるとしても、当該定額請負料（の徴収）をなんじらは省略するものとする。余の治世第一年二月十九日、余のロンドン市にて、余の玉璽（Privy Seal）を捺印して作成。[8]

エドワード四世が財務府（Exchequer）に命じたことを二項目にまとめると、次のようになる。

㈠ エドワード四世は、毛織物検定[9]（Ulnage）、都市、バラ、土地および保有財産の中から、年価値四〇シリング以上のあらゆる種類の定額請負料およびフィーファーム（保有料付自由保有）を王室府所要経費に充てる。

㈡ したがって、財務府は、財務府記録簿（Pipe）を作成するにあたって、配下のシェリフたちに発する召喚状の中から当該定額請負料とフィーファームの請求を省略し、記入してはならない。

つまりエドワード四世は、シェリフの管轄下にあった年収四〇シリング以上の請負地を財務府の統制からはずし、それらを王室府経費としてとっておくように命じたのである。[10] そして同時にそれらを管理する国王直属の新たな州出納官網を創設したのであった。[11]

すなわちエドワード四世は、隣接する数州を一塊とする八管区を設定し、出納官（Receivers）ならびに告発官（Approvers）ないし調査管理官（Surveyors）と称される役人たちを各管区ごとに八人ずつ任命して、彼らに年収四〇シリング以上の定額請負料とフィーファームを徴収して王室府出納長（Treasurer of the Household）に納入するように命じ、[12] さらに王室の専有地を新たにリースする権限を彼らに与えたのであった。これらの役人は、一四七二年に同じ義務を課せられた後続組に取って代られ、その際にこれまでの八管区は七管区に改められ、これらの役人の数も各管区七人ずつに改編されている。[13] このような特別の有給役人たちによる財務府の定額請負料およびフィーファームに関する全般的監督という先例は、十三世紀以降のイギリス史になかった。この任命された役人たちの経歴は、彼らがかなりの行政的・財政的経験と能力を持っていたということを暗示している。それにもかかわらず、この役人たちの会計録（Accounts）は、財務府に登録されているように、王室府出納長にどの年をとってみても、一年につき二、〇〇〇ポンド以上を供給することに成功しなかったということを示しているという。[(14)] つまり、これによって、財政効果が格段に上がった訳ではなかった。

それではここで、この州出納官網の点について、その実態を具体的に知るための手がかりとして、エドワード四世から財務府に発せられた一四六三年八月六日付の令状[(15)]――令状本文の掲載は紙幅の都合により割愛――の内容を分析してみよう。まずエドワード四世は令状の前半部分で次のような事のいきさつを財務府に説明している。

㈠　エドワード四世治世第一年二月二十六日付の国璽（224頁参照）を捺印した開封勅許状によって、ウォリック、レスター、ノーサンプトンおよびラトランド管区のすべての城郭、荘園、領地、土地ならびに保有財産、フィーファームおよび粉碾場とこれらすべての従物に関する出納官兼告発官トマス・パーマーThomas Palmer ないしその資格が十分ある彼の代理人に、これらの諸財産に関する収益・利益を徴収する任務を命じた。

㈡ エドワード四世治世第一年二月二十六日以後、別の数通の開封勅許状によって、さらに他の幾人かの者たちにこれらの諸財産の大部分を国王が授与したために、これらの諸財産からあがる収益・利益はこれらの被授与者たちに属するところとなったため、出納官トマス・パーマーはこれらの収益・利益の受領に干渉しなかった。

㈢ 一方、授与されずに国王の掌中にまだ残っている城郭、領地などの前記諸財産について、それらの増大しつつある多額の金額を徴収することに出納官トマス・パーマーとその他の国王の役人たちは、同金額を徴収することができなかった（この点、おそらく財務府の統制下にあるシェリフとの間になんらかの衝突かトラブルがあったためと想像されるのであるが、確証はない）。

㈣ しかもなお、出納官トマス・パーマーは、財務府へ会計報告を行うにあたって、前述の未徴収の金額についてはもちろんのこと、すでに被授与者たちの手に渡った前記諸財産についてもその任務を続行し、利益の徴収を行わなければならないのではないかと気遣っている。

以上の諸事情を考慮し、エドワード四世は令状の後半部分で財務府に以下のことを命じている。

㈠ 財務府は、当該管区の次の各金額について、出納官トマス・パーマーに宣誓をさせたうえで、シェリフではなく、彼トマス・パーマーを相手として、当該管区の会計報告を受け入れること。その金額とは次のものである。

① 前期諸財産に対して出納官トマス・パーマーによって支払われたすべての金額の金額。

② 前期諸財産に付属する狩猟園、囲い地（Pales）および番小屋に関するすべての補償金。

③　国王の役人たちへ支払われる賃金、給与および報酬といったすべての補償金（ここでは賃金、給与が「補償金」（Reparations）として取り扱われている）。

④　前期諸財産の収益・歳入、および以前これらの諸財産のいずれかに関係していたものの収益・歳入のうち、出納官トマス・パーマーが今後その受領を引き受けるであろう金額。

㈡　出納官トマス・パーマーの所定の責任額以外に、過去あるいは未来を問わず、出納官トマス・パーマーが国王に対して履行する金額の会計報告については、財務府はその会計報告をトマス・パーマーに要求してはならない。

㈢　財務府での会計報告の際、出納官トマス・パーマーが何らかの理由で徴収しなかったし、また徴収することもできなかったという金額があった場合、それらの金額について財務府は、出納官トマス・パーマーを永久に国王および国王の相続人たちに対して罪がないものとし、免責すること。またこの点について財務府は、過去あるいは未来を問わず、出納官トマス・パーマーに対する請求、訴訟手続きおよび強制執行をやめること。

㈣出納官トマス・パーマーが財務府へ会計報告した前記諸財産の受領額の中から、その任務に対する報酬として出納官トマス・パーマーに四〇マークを与えること（この報酬は、財務府において会計報告を履行する際に与えられた）。

㈤前述の収益・利益および歳入の中から、当該管区の国王の役人たちに出納官トマス・パーマーによって支払われた賃金・給与および報酬――これらの明細は、財務府における会計報告に際して、出納官トマス・パーマーによって具申された――についても、財務府は、出納官トマス・パーマーに罪が無いものとし、彼を免責すること。

そして最後に、出納官トマス・パーマーに国璽局から宛てられたエドワード四世治世初年二月二十六日付の前述の開封勅許状について、または授与、会計録、金額、受領額ないしその他の事柄についての具体的な陳述は、この令状の中では行わないことを付記している。したがってわれわれは、出納官トマス・パーマーに宛てられた開封勅許状の内容――かなり重要なことが記されていたと推察される――を明確にすることはできない。

前半の諸事情説明の部分は、国王の出納官と、財務府の監督のもとにあったシェリフとの間に金銭徴収の面ですれ違いがあったことを暗示している。つまり、前述の一四六二年二月十九日付の令状の内容について、財務府から各州のシェリフへの通達が徹底していなかったか、あるいは財務府が国王の令状を無視してシェリフ宛て召喚状の中からこれらの金銭の徴収を省略しなかったものと考えられるが、しかしそのこと以上に、国王の出納官が財務府によって公認されたものではなかったところに最大の原因があったように思われる。トマス・パーマーが一四六二年二月以降ではなく、一四六一年二月二十六日付で、財務府に通告されることなく、すでに出納官に任ぜられていたところにも問題があった。

この令状の後半部分、すなわち財務府に対するエドワード四世の命令の部分で重要と思われる箇所は、㈡および㈢であろう。とくに㈡によってエドワード四世は、麻痺した財務府による債務請求や簿記（Book-keeping）の網の目にからませられることなく、当座の収益を徴収し、さらに㈤から明らかなように、財務府を通じてではなく、国王の出納官を通じて役人たちに直接賃金・給与を支払わせるという合理的な方法に成功したのであった。また㈡の重要ポイントは、出納官による財務府への会計報告は、出納官の本来の責任額に限定し、この責任額以外とは別に国王に対して出納官が直接履行する金額については、その会計報告を財務府は出納官に要求してはならないという点である。これは、譬えて言うならば、財務府は、所定の会計報告以外に、国王個人の財布の中身をチェックしたり、小遣い銭の使い道をいちいち詮索してはならないと警告しているように解釈できる。

以上の出納官網といくぶん類似の手筈が、一四六一年、コーンウォール公領にもまた整えられた。なぜならば、コーンウォール公領の歳入は、ウェストミンスターの財務府において行われたリース契約の支払い条件がよくなかったことと、同公領の土地が王室府の役人その他に授与されていたことによって、ヘンリ六世治下で大いに枯渇させられていたからであった。そのためエドワード四世は、一四六一年、地方にて議事を行う一種のコーンウォール公領諮問会議（Duchy Council）を設立し、二十年以下のリースでコーンウォール公領に属するすべての土地を定額請負料で譲渡する責務を同諮問会議に与えたのである。肩書だけの二人の長（出納長ヘースティングズ Hastings 卿および執事長サウスウィック Southwick のハンフリー・スタッフォード Humphrey Stafford）は別として、この諮問会議は本職の玄人、すなわち出納長代理ジェフリー・キドウェリー Geoffrey Kidwelly、スチュワード（執事：Steward）トマス・クレメンス Thomas Clemens、会計監査官（Auditors）ジョン・ブロウク John Broke ならびにトマス・アレイン Thomas Akeyn、および地域担当弁護士（Local Lawyer）ウィリアム・メンウェネク William Menwennek らから構成されていた。[16]

しかしながら、この革新的な所領管理政策は、それ自体興味あるとはいえ、前述の一四六二年の年収四〇シリング以上の定額請負料およびフィーファームの徴収政策の場合と同様、現金収入の点で重大なる増加があったという証拠は認められない。

第２節　私有所領管理機構の王室領経営への導入

もっと遠大な革新政策が明白となるのは、一四六一年以降、いろいろな理由からエドワード四世の所有となった所領で、しかもウェストミンスターにおける財務府の長官ならびに同顧問官たちの管理下に置かれてなかった所領の考察に目を転じるときである。エドワード四世は、財務府から受け取る収入とは別に、さらに多くの実質的な収入を国王にもたらす新しいシステムの王領管理機構を創りつつあった。これらのエドワード四世による計画は、当時の大規模な私有所領

(Private Estates)、たとえばランカスター公領、ヨーク家自身のヨーク公領およびその他いろいろな個人や領主の所領の管理にみられる標準的な方法をモデルにしていた。[17]

十五世紀イングランドの広大な私有所領の管理機構は、王室領の場合とはまったく異なっていた。大規模な私有所領の所有者は、一般にその借地人（テナント）たちに種々の調達および臨時課税（タリジ）の権利を行使することができたと言われているが、その具体的な証拠がないゆえ、このような課税源への依存は王室財政だけの特殊な特権（Privilege）であったと考えられる。[18] 大規模な私有所領の所有者は、収入の点において、自分の土地の代理人（Land-agents）たちに頼っていた。すなわち大土地所有者は、出納長（Receiver-General）ないし出納官（Receiver）一名、調査管理官（Surveyor）一名、会計監査官（Auditors）一名以上を通例登用した。そしてこれらの中央における役人たちの監督のもとにさらに別に数名の専門的に訓練された役人たちが領主の各所領を常に監督したのである。これらの出納長ないし出納官、調査管理官および会計監査官の三つの役職は、その資格や訓練・養成内容がまったく同じものだった。したがって、たとえば調査管理官の任務が出納官の任務を兼ねたりすることもしばしばあった。また、他地域にある無関係の荘園グループの会計監査官の役職を兼務するいわば複合身分の出納官もいたようである。

最高水準の所領経営は、たとえばスタッフォード家バッキンガム公（Stafford Dukes of Buckingham）に仕えていたヘトン Heton 家、ランカスター公領奉仕をしていたレヴェンソープ Leventhorpe 家、および一四六一年から王室に仕官しさらにサプコテ Sapcote 家にも仕えていたキドウェリー Kidwelly 家等によって行われていたようである。

出納長ないし出納官は、領主に金銭を供給するために、領主に対して直接責任を負う最も中心的な役職だった。出納官はかなりの資産家でなければならず、彼は領主に対して一種の銀行家的な役割を担っていた。出納官は、定額請負人

（Farmers）、ベイリフ Bailiffs（代官）、管理人（Reeves）、地代徴収官（Rent Collectors）ないしその他の役人たちからすべての歳入を徴収し、彼らに賃金・給与を支払い、役人が欠員となった荘園に持ち合わせの役人を補充し[19]、リース契約上の処理を行い、悪徳な小作人たちを追い立て、木材を売却し、財産の手入れを行うといった種々の任務を取り計らった。出納官は、領主の家中（Household）に金銭や物資を供給し、領主の債権者たちに負債を返済し、領主の宝石商人の勘定書き等に対して支払いを行った。出納官の仕事の本質的な部分は、領主が大きな金額を要求した所へはどこへでもその金額を携えて旅をすることであった。それゆえ出納官は、自己の仕事を遂行するための毎年の予算のほかに、このような場合に備えて、さらに余分な金額を常に手元に残しておく必要があったのである[20]。

会計監査官は、一定の期間に差し出された所領会計録（Estate Accounts）を用いて出納官の活動を統制しかつ監督するために任用された。また会計監査官は、領主の土地の調査を行い、所領会計監査録（Valor）を作成し、また所領管理の諸問題について下位の役人たちにアドバイスをする十分な資格を与えられていた。エドワード四世治世期、とりわけ著名な幾人かの会計監査官たちは、国王と一般の領主との双方に同時に仕えていたようである[(21)]。

中世末期における所領管理で、最も大規模でかつ成功したシステムは、イングランドとウェールズの諸州にまたがって多くの所領を有するランカスター公領だった。もともとランカスター公領はランカスター家のいわゆる私有所領だったことは言うまでもない。ランカスター公領に属するすべての土地は、十分に訓練され養成された行政官（Administrators）たちによって監督されていた。一三九九年から一四六一年までのランカスター政権は、財務府がランカスター公領の事柄に干渉することをほとんど許さなかった。またさらに、ランカスター政権は、逆に、ランカスター公領の経営システムを、財務府の統制下にあったその他の王室領に採用しようと強く思わなかったようである（試みだけは僅かにあったようであるが）。つまりランカスター政権下にあっては、ランカスター公領は王（室）領の中でも特別な扱いをされていたと言える。

一方、ランカスター政権とは対照的に、エドワード四世は、すでにマーチ伯時代にこのようなランカスター公領の経営システムに類似した方法によって、マーチ伯時代の所領経営システムを、私有所領管理にもまた王室領経営にも採り入れようと積極的に試みたのである。そしてそのあとリチャード三世はこの兄の諸政策を継続し、さらに広げたのであった。[22]

第3節　ランカスター公領経営方式の導入

それでは、エドワード四世によるランカスター公領式経営は、具体的にどのようなものであったのだろうか。そのランカスター公領経営方式の一端を具体的に一瞥することは、とりもなおさずマーチ伯領の経営政策のみならず、エドワード四世治世における王の全所領経営政策を理解するうえで、重要な関連性をわれわれに提供してくれるものと思われる。

そこで、ここでは一四七六年の史料二点と一四八〇年の史料一点からランカスター公領諮問会議（Council of the Duchy of Lancaster）による諸政策の一端を見てみたい。[23]

１【史料一】一四七六年、ヨークシャーにおけるランカスター公所有地の巡回日程

ランカスター公領の国王の諮問会議によって行われるべき巡幸（Progress）は次の通り。

まず第一に、諮問会議が晩餐をとってから同夜ピカリング Pickering へ赴くに先立って、諮問会議は、穢れのない四旬節[24]（Lent）の第二週の土曜日、すなわちエドワード四世治世第十六年三月十六日にヨークに集合し、日曜日は同

地に滞在する。そして月曜日と火曜日もそこに滞在し、火曜日にそこで Tourn（巡回裁判）を開廷するようにして終夜（＝翌朝まで）滞在。そして翌日の三月二十日水曜日、ピカリング Pickering へ騎行し、アドバイスをしながらピカリングを監督。一、翌日の三月十六（ママ）日木曜日、ヨークにて晩餐をとり、同夜ナレスボロ Knaresborough へ。そして金曜日、土曜日、日曜日および月曜日に同地に滞在し、同月曜日に Tourn を開廷。そして翌日の三月二十六日火曜日、リーズ Leeds へ赴き、その夜および水曜日のまる一日同地に滞在する。一、翌日の三月二十八日木曜日午前、ポンテフラクト Pontefract へ赴き、金曜日同地に滞在して、同日そこで Tourn を開廷。そして土曜日および日曜日の正午までそこに滞在。そして同日曜日の夜ボローブリッジ Boroughbridge へ赴き、月曜日および火曜日の正午まで同地に滞在。そして同火曜日の夜、すなわち四月二日スナイス Snaith へ赴き、水曜日および木曜日同地に滞在。そしてその日（＝木曜日）そこで Tourn を開廷。そして翌日の四月五日金曜日、グリングリー・

パーク Gringley Park へ。そして同夜ティックヒル Tickhill へ（赴き）、土曜日および日曜日の正午まで同地に滞在。[25]

ランカスター公領はイングランドとウェールズの各地に散在していたが、ここではヨークシャー内の所有地――不完全ではあるが【地図Ⅱ】（81頁）を併せて参照されたい――につき、その経営状態をより良くするために、エドワード四世によって、つまり王の諮問会議の顧問官たちによって行われるべき巡幸の日程が簡潔にまとめられている。[26] 巡回は一四七六年三月十六日土曜日から同年四月七日日曜日に亘って行われた。すなわち、ヨーク（三月十六日～十九日）➡ピカリング（二十日）➡ヨーク（二十一日）➡ナレスボロ（二十一日～二十五日）➡リーズ（二十六日、二十七日）➡ポンテフラクト（二十八日～三十一日）➡ボローブリッジ（三十一日夜～四月二日正午）➡スナイス（二日夜～四日）➡グリングリー・パーク（五日）➡ティックヒル（五日夜～七日）。

諮問会議の顧問官たちは、直接これらの所領を見て回り、それらの経営方法について規定を作ったり、アドバイスをしたり、大きな権限を持っていた。すなわちエドワード四世は、ランカスター公領にこの諮問会議を新たに設置し[27]、その顧問官たちに同公領の歳入を徴収する権限を許与したのであった[28]。

顧問官たちは、巡回中に各所において Tourn を開廷し、これを通じてその場でその所領の細事にわたる経営上の諸規定を設けた。つまり、顧問官たちは、Tourn を通じて所領の経営に直接命令を下すことができ、これによって所領経営上の無駄をなくし、その合理化を推進したのである。

それでは、Tourn で具体的にどのようなことが決定されたのであろうか。次の【史料二】を見ればおおよその見当がつくと思われる。

Castles
Manors
(L.) Lancaster
(N.) Neville
(P.) Percy
MILES
0
20
Bamburgh (L.)
Dunstanburgh (L.)
Alnwick (P.)
Warkworth (P.)
Rothbury (P.)
NORTHUMBERLAND
Newburn (P.)
Newcastle (N. rents)
Langley (P.)
Prudhoe (P.)
Eden
CUMBERLAND
DURHAM
Cockermouth (P.)
Penrith
Temple Sowerby
Brancepeth (N.)
Raby (N.)
WESTMORLAND
CLEVELAND
Seamer (P.)
Richmond
Catterick
Askrigg
Leyburn
WENSLEY DALE
Middleham (N.)
Ure
FOREST OF
Pickering (L.)
Staincliffe-in-Craven (Wap.) (L.)
Topcliffe (P.)
Ripon (L.)
Sheriff Hutton (N.)
Lancaster (L.)
Giggleswick (P.)
Settle (P.)
Long Preston (P.)
Knaresborough (L.)
Skipton-in-Craven
(Clifford)
(P.) Spofforth
York
Healaugh (P.)
Clitheroe (L.)
(P.) Tadcaster
Leconfield (P.)
YORKSHIRE
Wressell (P.)
LANCASHIRE
Pontefract (L.)
Liverpool (L.)
Tickhill (L.)

〔地図Ⅱ〕巡幸参考図

2　【史料二】一四七六年八月～九月、チェシャーおよびランカシャー巡回中の勧告

〔ハルトンHalton にて〕一、ハルトン・パークHalton Park の牧草地については、サー・ジョン・サヴィジSir John Saviage は地代を六シリング八ペンスだけ増額する。

一、ウィットリーWitley の領地に関して国王に三〇シリングを負うているジョン・メインワリングJohn Maynwaryng は、諮問会議がマンチェスターに到着する前に顧問官たちと意見の一致をみなかった場合は、同三〇シリングゆえに差し押さえられるべしと規定さる。……

一、マーケット・ゴールド（Market Gold）と呼ばれる地代については、ベイリフがあらゆる町区を差し押さえるべしと規定さる。すなわち、あらゆる町区は延滞金を支払うべきである。ただし、その貧困を考慮して延滞金を大目に見

てやるノートン Norton の大修道院長は別であり、ミカエル祭に当然支払うべき本年度の地代に関しては、彼はすでにそれを支払っている。

〔リヴァプールにて〕一、シモンズウッド Simonswood の大森林地は、いわゆるヘンリ六世の時代にその樹木について行われた数次の売却により消耗させられている。そこでいまや、（ランカスター）公領の印章を捺印して作成される権限授与書（Warrant）によるかあるいは出納官ないしその代理官の手落ち・落度による場合を除いて、（同樹木の）売却は行われるべきではないし、木材が引き渡されるべきでもないと規定さる。

定期でトマス・ウォルトン Thomas Walton に請け負うように賃貸されたチーフ・ウォルトン Chief Walton 荘園ならびにその他のいろいろな荘園、土地および保有財産は八二ポンド九シリング三ペンスの利益をもたらしており、その増加額は六シリング八ペンスで、国王は現在に至るまでこの増加額について報われずに来た。そこでいまやそれが請求され、しかも当該トマスは万事において当該諸荘園およびその他前記諸財産の補償として――〔このために〕大森林地の保有を国王から任せられている――それ（増加額）が請求さる。……

〔クリセローClitheroe にて〕一、リチャード・タウンリーRichard Towneley は、コルネ Colne の国王の粉碾場の請負を引き受けて来たのではあるが、このことによって、国王の小作人（テナント）たちが国王のバーンリーBurnley 粉碾場で当然製粉すべき権利があるのに、バーンリーと、そのほかこのコルネの粉碾場に隣接している諸地域の国王の小作人たちを圧迫している。このゆえに同バーンリー粉碾場の請負料は減少させられており、しかも国王はコルネ粉碾場の請負料の増大に与ってもいない。よって、当該コルネ粉碾場はリチャードから取り上げられて国王に最も利益となるように賃貸さるべしと規定さる。

一、当該リチャード・タウンリーは、デリプレイ・フラッシュ Dereplay Flashes と呼ばれる所に家を構えており、そこにおいて家畜を日々飼育しているらしいと同森林区域内にあるロッセンデール Rossendale の森林地居住者たちは想像している。このゆえに、（同）森林の境界についてロンドンで調査が行われるものとし、その結果もしその家が（同）森林の内部にあった場合は、それを取り壊し、かつリチャードがその家畜をそこにそのままにしておくことは許されるべきではないと規定さる。……

〔サルフォードシャーSalfordshireにおいて〕一、今後行われるべきすべての補償は、執事（スチュワード）および出納官、あるいは彼らの代理官たちによる手落ちに対してなされるものとする。しかしてそれについて訴状（Bills）が作成され、諮問会議が補償と訴状を引き合わせてみて、訴状通りであった場合はそれを確認し、間違っている箇所なり訴状なりがあった場合はそれを否認すべし。しかして諮問会議によって執事ないし彼の代理官へ手渡されるべき同訴状は、以上のことに関する諮問会議の評決に従って裁判所記録（Court Roll）に加えられるべし。

一、ランカシャー全体の受封者謄本（Copy of the Feodary）は、国王から直接（ヒュー・ガースサイドHugh Garthsideに）貸し預けられるべき同謄本に表記されているごとき種々の荘園および土地の小作人ならびに借地人（Occupiers）たちがいるいかなる領地についてであろうとも、その領地内の年寄りたちのかたわらでそれ（＝謄本内容）を尋ね、かつ検査すべく、しかしてそれについて一冊の帳簿を作成してそれをロンドンの国王の諮問会議に持参するようにさせるべく、ヒュー・ガースサイドに手渡さる。[29]

以上の【史料二】の内容をまとめると、次のようになる。

ハルトンでは、ハルトン・パークの牧草地が、従来の地代以上の価値があるものと評価され、地代の増額が決定された。

ウィットリーの領地を保有しているジョン・メインワリングは、国王に三〇シリングの負債があり、諮問会議を通じてその支払いが強制された。

ノートンの大修道院長のような貧しい人は別として、あらゆる町区はマーケット・ゴールドという地代が未納のため、ベイリフによって差し押さえられた。つまり、マーケット・ゴールドなる地代をあらゆる町区が延滞し、国王に支払っていなかったことがわかる。

リヴァプールでは、シモンズウッドの大森林地の保護が決定された。そして樹木の売却は、ランカスター公領から発せられた権限授与書によるか、あるいは同地の出納官ないしその代理官の手落ちによる場合を除いて、厳重に禁止された。

定期で賃貸されたチーフ・ウォルトン荘園やその他の荘園、土地および保有財産（これらすべての請負人はトマス・ウォルトンなる人物）の合計収入は、従来の報告されている金額よりも六シリング八ペンス増加しており、トマスはその増加分を、たぶん過去にさかのぼって、徴収された。またトマスはこれらの定期借地のすべての面にわたって補償金としてこの増加分が取り立てられたのであって、このような「補償」は他の史料の中にも散見される。つまりエドワード四世は、財産の損害に対する「補償」という形で多方面にわたって補償金を徴収したことがわかるのである。

クリセローでは、コルネの粉碾場の請負人リチャード・タウンリーが、バーンリー粉碾場を利用するように言われていた国王の小作人たちを自分のところで製粉するように強制し、それによって得た増加分の粉碾代を国王に支払わずに着服していたことを示す。このためリチャードから別の人物へとその請負いが替えられ、不正が起こらないように改められた。

またこのリチャード・タウンリーは、境界を無視してデリプレイ・フラッシュと呼ばれる土地に勝手に家屋を建てて家畜を飼育しているらしいとの疑いがもたれたのであるが、これは国王の土地の無断使用であり、ロンドンにて改めてその境界線が調査・確認されてから事後処理するように決定された。

サルフォードシャーでは、執事および出納官、あるいはこの両者それぞれの代理人たちによる所領管理がずさんなものにならないように、彼らの手落ちに対して厳しく補償が取り立てるようにされた。

ランカシャー全体の王の受封者について新たに調査し、謄本とのくい違いを一冊の帳簿にまとめるように取り図らわれた。

次に、ランカスター公領諮問会議が、一四八〇年に行った政策を見てみたい。

3 【史料三】一四八〇年、ランカスター公領諮問会議によるリンカンシャーにおける騎士奉仕（Knight Service）の調査

エドワード四世治世第二十年十月二十七日、金曜日

しかるに、さらに国王は、大損失・大損害なことには、騎士奉仕によりリンカンシャー州内において（騎士采地を）保有している国王のランカスター公領の借地人たちから、臣従礼（Homage）、誠実（Fealties）、相続上納金（Reliefs）およびその他の諸奉仕に関して、また同保有期間を延長するための負担金（Fines）に関しても、長い間報われずに来た。それゆえ以下のことが定められ、かつ忠告される。すなわち、国王に前述の奉仕を負うている前述の

すべての借地人たちについて、リンカン州の国王の裁判所で調査が行われるようにさせるべく、当該公領の印章を捺印した一通の書状が当該州内における当該公領の領地、荘園、土地および保有財産に関する執事である騎士サー・トマス・バーグ Sir Thomas Burgh 宛てに書かれ、しかしてトマスによってかく受け取られる名簿（Presentments）に従って、トマスは、借地人たちのうちで当該奉仕期間の延長のために国王へ負担金を提供する者について、このことに関して行われる当該公領の古くからの勅令（Ordinance）および慣習に従って、（それらの金額を）査定すること。すなわち、公爵には彼が当該公領からまる一年保有している騎士采地（Knight's Fee）はいずれも皆、その保有期間延長の負担金として二〇シリングの支払いをさせ、伯爵には一三シリング四ペンス、男爵には六シリング八ペンス、下級士爵（Bachelor Knight）、および騎士奉仕により（騎士采地を）保有しているその他のすべての者たちには（それぞれ一騎士采地につき）三シリング四ペンスの支払いをさせるのであり、たとえ負担金が特定の一騎士采地よりも多かろうと少なかろうと、当該借地人たちのおのおのから以上の保有条件の割合・量に従って取り立てるようにする。しかして当該借地人たちのおのおののについてこのように査定されたすべての負担金について、当該執事は、当該州内における当該公領特権区域（Franchise）のフューダリ（Feodary）兼ベイリフ（Bailiff）宛てに記録謄本（Estreats）を作成して手渡すものとし、このフューダリ兼ベイリフが、当該負担金（の未納）ゆえに、さもなければ諸奉仕（の不履行）ゆえに、前述の借地人ことごとくを差し押さえるが、その際、（これらの各借地人から）このように徴収されるべき金額ことごとくと、それから借地人たちが前述の奉仕義務および当該保有条件の量を支払う義務を負うている土地なり場所なりを一つひとつ明記して、両者（＝執事とベイリフ）の間で歯型に切られた二通の訴状（Bills）を作成する。そのうち一通は、当該公領の登記の中の証拠として保管しうる同公領尚書（Chancellor）宛てに当該執事が送り届けるものとし、しかして他の一通は当該フューダリ兼ベイリフがそのまま所持し、これによって彼は当該金額の徴収を行うことができ、次回の会計報告のときにそれについて国王に偽りなく答弁をなしうる。

さらにその上、以下のことが忠告される。すなわち、当該小作人たちに関する名簿が同執事によってかく受け取られ、しかして当該フューダリ宛てにそれについて記録謄本が作成され、かつ手渡される場合に、都合の良い通告があり次第、当該フューダリは、当該公領の印章を捺印した命令（状）において当該執事に奉仕しなければならず、その上で上述のごとく、歯型に切られた訴状により、当該記録謄本に従って、その当該諸奉仕（の不履行）ゆえに、さもなければ負担金（の未納）ゆえに、当該借地人たちを差し押さえるべく、彼フューダリは最善の努力を尽くすということ。(30)

エドワード四世は、ランカスター公領に属する借地人でリンカンシャー内において騎士采地を保有している者たちからその騎士采地の授封に対する返礼としての騎士奉仕、具体的には臣従礼、誠実、相続上納金やその他の諸奉仕に関して長い間報われずに来たし、またこれらの臣下たちは同騎士采地の保有期間延長に対して国王に支払うことになっている負担金も納めずにいるので、国王は大損をしていると主張している。

そこで、エドワード四世は、リンカンシャーの王の裁判所において、以上のような臣下たちの調査を、リンカンシャーにあるランカスター公領の領地、荘園、土地および保有財産に関する執事で騎士のサー・トマス・バーグに行わせることにした。その際、調査する臣下については、ランカスター公領からの「名簿」(Presentments) によって彼に知らされた。ランカスター公領の場合、一年間の騎士采地の保有条件としての負担金割当額は次のようになっていた。

〔公爵〕一騎士采地につき二〇シリング

〔伯爵〕一騎士采地につき一三シリング四ペンス

〔男爵〕　一騎士采地につき六シリング八ペンス
〔下級士爵およびその他の騎士采地保有者〕　一騎士采地につき三シリング四ペンス

つまり、各割当額は、細かい意味での騎士采地の大きさ・広さとは直接関係なく、それぞれ保有者の身分・階級によって決定されていたのである。この割当額に従って、執事のトマスがリンカンシャー内の国王の各裁判所に登録されている裁判所記録を調査した結果、それらの裁判所記録からの写し（副本）である記録謄本を作成して、リンカンシャー内のランカスター公領特権区域のフューダリ兼ベイリフ[31]となっている役人にそれらを手渡した。そしてこのフューダリ兼ベイリフ[32]が、この記録謄本に従って、これらの臣下全員の差し押さえに直接携わったのである。

差し押さえにあたって、当該フューダリ兼ベイリフは、執事との間で歯型に切られた二通の訴状（請求書）を作成し、その訴状には、①徴収されるべき負担金の額と、②これら負担金徴収の対象となるすべての騎士采地名が明記された。これら二通の訴状のうち、一通は当該ベイリフによってランカスター公領尚書へ送り届けられ、同公領の登記の中に証拠として保管された。他の一通は当該フューダリ兼ベイリフが保持した。彼はあとでその訴状に基づいて当該負担金の徴収を行い、さらにその後の会計検査に際してその訴状を示すことによって国王への負担金の納入に不正が起こらないようにされたのである。(33)

当該フューダリ兼ベイリフは、勝手にこの任務を実行せず、ランカスター公領の印章を捺印した命令書に従って当該執事に奉仕するように忠告されている。換言すれば、当該執事から当該フューダリ兼ベイリフに任務実行の通告もなく、したがって当然記録謄本が作成されて手渡されることもなく、またランカスター公領からの捺印命令書も当該フューダリ兼ベイリフに届けられなかった場合は、当該フューダリ兼ベイリフは以上の任務を決して実行すべきではないということである。

このような騎士采地の保有期間の延長に対する政策ないし対策のほか、相続上納金の未納を解決する対策も立てられたようである。とくに『クロウランド年代記』の一四七五年（または一四七六年）の条に次のようにある。

国王は大法官府（Chancery）の登記簿・記録簿を詳細に調べ、これらの相続人たちが正当な法の手続きを経ないで割り込んでいたということが判明した場合は、彼らがその間に享有した収益の返報として、彼らから重い罰金（Fines）を厳しく取り立てた。[(34)]

以上のごとく、エドワード四世は、ランカスター公領に新たに王に直属する諮問会議を設置して同公領経営の無駄をなくし、金銭徴収の増加政策を実施したのであった。さらに、これまで徴収されずにいた騎士采地保有の負担金や相続上納金の徴収を行ったのであった。これらの対策はなにもランカスター公領だけに限られた政策ではなく、王室領経営の全般的な方針として機能した。そして最も重要なことは、これらの政策ないし対策が、国王に対して直接責任を負う諮問会議・出納官網によって支えられていたという点であろう。

まとめ

ヨーク朝時代、王室府運営は「費用ばかりかかって非能率」なものだった。このような金ばかりかかって浪費する王室府を、エドワード四世は、国王の権威を高め、その活動の「発電所」たらしめるために、四散していた王室領を回収し、新たな経営システムを王室領経営に導入した。それは、エドワード四世自身所有の個人的な私領を対象に、治世初年の一四六一年に開始された。その方式を王家の公領である王室領――王家の所領は、国王自身が個人的に所有する私領である「王領」と、代々の王朝によって相続される公領である「王室領」の二種類に大別される――へと拡大させたのは、一四六二年二月付け財務府宛ての「令状」からであった。手始めに、「年価値四〇シリング以上のあらゆる種類の定額請負料および「フィーファーム」を王室府経営に充当すると宣言したのである。

従来、王室領経営は、財務府が担当し、財務府がその配下のシェリフを通じて所領の管理や収益の徴収およびその会計報告などを行わせていた。国王は、いわば王室領の間接的な管理者・所有者に過ぎなかったため、スピーディーな資金の調達ができず、緊急事態に対処できなかったのである。この旧組織こそが、王室領経営にとって非能率であり、さらに国王の富を四散させる原因にもなっていた。

そこでエドワード四世は、このような旧弊を改めるために、私有所領管理機構を王室領経営に導入したのである。つまり、ランカスター公領の経営方式の導入であった。この方式は、すでにエドワード四世がマーチ伯時代にみずからの所領経営に採り入れていた方式と類似するものでもあった。

新たな王室領経営の組織は、最初、各管区八人の役人から成る八管区の「州出納官網」の創設に始まり、それが一四七二年に、各管区七人の役人から成る七管区に改編されたところにあった。これは、役人＝官僚を国王みずからの代理人として所領を管理・統治する方式である。特権区域では、当該特権区域の執事を通じて、同役職をフューダリ兼ベイリフに負わせた。彼らは、国王に対して直接責任を負う中心的な役割を果たし、いわば国王に資金を提供する銀行家的な存在となった。国王は、それによって王室領統治における財務府の機能を骨抜きにし、みずからの直接的な王室領経営を可能ならしめたのである。王室領経営のいわば主役であった財務府は、王室領管理の主導権や既得権を喪失し、エドワード四世が創設した出納官らの会計報告を受け付けてそれを保管する脇役へとその機能の移行を余儀なくされたのである。

かくてエドワード四世は、諮問会議の顧問官を通じて、シェリフに替わって王室領を巡回させ、彼らに荘園や村々で Tourn（巡回裁判）を開廷させた。この Tourn によってこれまでの所領経営のこまごまとした無駄を是正し、収益を増大させることに成功したのである。Tourn 開廷の際、不明な点は、中央の大法官府や地方の王の裁判所の登録簿や裁判記録を確認したり、受封者謄本を作成して実態と照合するなど、借地人・小作人たちに正当な法の手続きを改めて踏ませた。放置されていた不正に対しては改めると同時に「補償金」を取り立てて厳正に対処した。

王室府出納長をトップとするこれらの新たな出納官網（出納官・告発官ないし調査管理官・会計監査官ら）と財務府の間で、また出納官・告発官ないし調査管理官・会計監査官当事者同士の間で、いわば二重のチェック・アンド・バランスを機能させ、不正が起こらないように厳重に監視されたことが窺い知れる。

このようにして、エドワード四世は王室府運営における財源拡大政策を推進し、王室府運営の不合理や無駄を解消して、どうにか壮麗で見事な宮廷を維持することに成功したのである。

なお一方で、このようなヨーク政権下における新たな王室領経営システムによる財源拡大政策が、結果的に、この後の絶対王政における中央集権体制、つまり、「官僚制」構築の発端・先駆ともなったと考えられるのである。

註

（1）周知のように、当時の宮廷は移動宮廷であり、国王は自己の宮殿の一つに数カ月滞在するとまた宮廷ごと別の宮殿や城あるいは荘園の館へと移動した。臣下の城や地方の大領主の館に長い間滞在することもあった。

（2）工藤長昭「15世紀イギリス国家財政に関するサー・ジョン・フォーテスキュー（Sir John Fortescue）の見解について」（『フラターニティ』創刊号、明大西洋史OB研究会、一九八八年年）参照。

（3）Sir John Fortescue, *The Governance of England: Otherwise Called The Difference between an Absolute and a Limited Monarchy*, ed. Charles Plummer, 1979,（Hyperion Press）. pp. 120–122. 訳文中の（　）内は訳者（工藤）による補足である。

（4）Charles Ross, *Edward IV*, Eyre Methuen, London 1974. p.372.

（5）A. R. Myers, *The Household of Edward IV*, Manchester, 1959; B. P. Wolffe, *The Crown Lands 1461 to 1536: An Aspect of Yorkist and Early Tudor Government*（以下 *The Crown Lands* と略記）, George Allen and Unwin Ltd, London: Barnes and Noble Inc, New York, 1970. pp.52-53.

（6）A. R. Myers, *op. cit.*

（7）*The Crown Lands*, p.53.

（8）The Memoranda Rolls of the King. s Remembrancer, Public Record Office, Exchequer, K, R., E. 159 / 238, '*Brevia directa baronibus*. Hilary, m. 23d., quoted in *The Crown Lands*, p.96. 訳文中の（　）内は訳者（工藤）による補足である。

（9）毛織物を公的に検査し、測定してその価値を鉛製の検印を押して証明するが、その検定に対して報酬が支払われた。

（10）このほか、一四六六年から、コーンウォール地方の錫および鉛のいくつかの鉱山からあがる利益が王室府所要経費に充てられた（*Calendar of Patent Rolls, 1461-1467,* p. 519)。またエドワード四世治世初期のランカスター公領の会計録がないのでどれほどかは明確ではないが、エドワード四世もランカスター公領の歳入を王室府経費に利用したことは疑いない（R. Somerville, *History of the Duchy of Lancaster, I, 1265-1603,* 1953. pp. 234-236)。

（11）E. F. Jacob, *The Fifteenth Century 1399-1485,* Oxford U. P., 1976(First Published 1961). p. 605.

（12）B. P. Wolffe, *The Management of English Royal Estates under the Yorkist Kings.* (以下 *The Management* と略記), The English Historical Review, Vol. LXXI (1956). p. 2; E. F. Jacob, *op. cit.,* pp. 605-606.
これらの役人の任命は、一四六二年二月二十四日および二十六日付の The Patent and Fine Rolls に登録されているように（*Calendar of Patent Rolls,*

1461–1467, pp. 110–111; *Calendar of Fine Rolls, 1461–1471*, pp. 63–64）、明細に記された州内の「国王のすべての土地」に対してなされたが、しかし彼らが提出した会計録は彼らが単に当該請負地だけに関係したということを示している（*The Management* p. 2, note 1）。

（13）E. F. Jacob, *op. cit.*, p. 606; J. R. Lander, *Crown and Nobility 1450–1509*（以下 *Crown and Nobility* と略記）, Edward Arnold, London, 1976. p. 200.

これらの後任の役人の任命は、一四七二年三月二十六日と同年八月四日の前後二回に分けて行われた。多少の地域調整が行われたのは、最初の一四七二年三月二十六日の任命のときである（*Calendar of Patent Rolls, 1467–1477*, pp. 329, 347–348, quoted in *The Management* p. 2, note 2）。

（14）*The Management* p. 2; E. F. Jacob, *op. cit.*, p. 606. Foreign Accounts 2 Edw. IV, D, E, F; 3 Edw. IV, B; 4 Edw. IV, A, D. これ以降、彼らの会計録

は、財務府の外来会計録（Foreign Accounts Rolls）に記載されなかった。

（15）P. R. O., Exchequer, K. R., Memoranda Rolls, *'brevia directa baronibus.'*, E. 159/240, Michaelmas, 3 Edw. IV, m. 22, quoted in *The Crown Lands*, pp. 106–107.

（16）*Calendar of Patent Rolls, 1461–1467*, p. 201; *Ibid., 1467–1477*, p. 197, quoted in *The Management*, p. 2.　なお、この諮問会議の実力者たちは一四六九年に一新された。

（17）*Crown and Nobility*, p. 41.

（18）*The Crown Lands*, p. 54.

（19）たとえば、調査管理官が任命されなかった荘園にそれを補充したり、また複合身分を持つ役人が領主の諮問会議が同時に開かれたことによって一方に穴があくといった事態も生じたであろう。

（20）*Crown and Nobility*, p. 55; *The Management*, p. 3.

（21）北ウェールズ、チェスター、リンカンシャーおよびランカスター公領の王室会計監査官ジョン・ラジントンJohn Lathington――彼は会計監査官職の首席にあった――は、同時にグロスター公リチャードにも奉仕した。一四六一年から、リッチモンド伯領の諸所領のうち、その一部の所領の会計監査官となっていたジョン・エルトンヘッドJohn Eltonheadは、以前、リンカン法学院(Lincoln. s Inn)、コーンウォール公領、および多数の一般の領主たちの会計監査官であった。一四七八年に王室に仕官したジョン・トウケJohn Toukeは、クラレンス公の会計監査官であり、またマーガレット・レディ・ハンガーフォード・アンド・ボトローMargaret lady Hungerford and Botreauxの会計監査官でもあった（*The Management*, p. 4; *The Crown Lands*, p. 55)。

（22）*The Management*, p. 4.

（23）以下の叙述は、筆者による研究発表「エドワード四世による王室領の財源拡大政策について――その一、一四七六年および一四八〇年の二つの史料からみたランカスター公領評議会の諸政策――」（明治大学大学院・杉勇教授ゼミにおける研究発表）に基づいている。

（24）四旬節（The days of Lent）とは、灰の水曜日（Ash Wednesday）から数えた数十日、具体的には四十日間を言う。その名称は、忠実な信者たちが告解火曜日（Shrove Tuesday）に罪が許されたり、司祭から免罪を言い渡されたり洗い清められたりしたところから起こっており、またほかに四旬節のいくつかの定義、たとえば四旬節前第三日曜日（Septuagesima Sunday）――イースター前七十日目の意であるが、実際には六十三日目――からとする定義があるところから起こっている。A. R. Myers, *op. cit.*, p. 528, note 1.

（25）*Ibid.*, pp. 528–529. 訳文中の（　）内は訳者（工藤）による補足である。

（26）Cf. E. F. Jacob, *op. cit.*, Map 2.

（27）尾野比左夫「ヨーク朝における財務行政の変化」（『史学研究』第七七、七八、七九合併号、一九六〇年）、五八三頁。

（28）このTournとは、古くは、シェリフによって設置された巡回裁判で、年二回開かれた。シェリフが、州の各村落の村落裁判所・州の領主裁判所大管轄範囲で主宰する。その折々にシェリフに保持された、いわゆる裁判所記録・法廷記録だった（O. E. D）。

（29）A. R. Myers, *op. cit.*, pp. 529–530. 訳文中の（　）内は訳者（工藤）による補足である。

（30）*Ibid.*, pp. 530–531. 訳文中の（　）内は訳者（工藤）による補足である。

（31）*Ibid.*, p. 530, note 1.

（32）フューダリ（Feodary）とは、本来後見裁判所（Court of Wards and Liveries）の役人で、王の土地を調査し、その価値をその裁判所に報告する職務をもつ者を言う。またこれに対してベイリフ（Bailiff）とは、シェリフの下にあって、令状の送達、差し押え、強制執行のごとき司法的事務を行う。シェリフはベイリフの行為に対して責任を負うことになっているため、ベイリフはその職務の忠実な履行の担保として、保証人によって保証された捺印金銭債務証書をシェリフに毎年提供するところから、Bound-Bailiff とか Bum-Bailiff とも言われる。シェリフが王の令状を執行することを許されなかった特権区域（Franchise）においてシェリフの職務を行うのが Bailiff of Franchise であって、本文掲載の史料中で言うベイリフはこれに相当すると考えられる。また単に、荘園を監理し、負担金を徴収し、その他、荘園領主のために、種々の荘園の事務を行った荘園の吏員を言う場合もある（高柳賢三・末延三次他編『英米法辞典』（有斐閣、一九七五年、初版第十四刷）。

（33）つまり、差し押えた時点では当該フューダリは国王の臣下・借地人（テナント）たちから負担金をすぐには徴収せず、のちに国王による当該負担金の一定額の必要が生じた時点において、初めて当該フューダリはその一定額に相当する分の訴状によって、借地人たちから負担金を徴収したと考えられる。このことは十四世紀にはいってから財務府の支出方法として支出指定

（Assignatis, Assignment）と称する方法が一般化したこととなんらかの関連があるように思われる。この点については、城戸毅「十五世紀英国の国家財政」（『土地制度史学』第十八号、一九六三年）を参照されたい。なお、「割符による支出指定の発展は、財源の支出面へのふり充てを速やかかつスムーズならしめるべく考案されたもの」（城戸論文、六六頁）ではあったが、このことはかえって王室財政の慣例的な四散を生み、エドワード四世の時代にこの欠点の改革を余儀なくされることになる。

（34）*The Croyland Chronicle,* quoted in *The Crown Lands,* p. 105.

第3章　地方における新たな王領管理機構

はじめに

ヨーク政権下において新たな王領管理機構が最初に試みられたのは、主としてマーチ伯領、ランカスター公領の一定の所領、厳格な意味での王室の一定の所領、およびバッキンガム公ハンフリーとノーフォーク公ジョンの両相続人が未成年ゆえに国王の掌中に置かれていた一定の所領が合体されて一四六一年に新たにつくられたいくつかの所領においてであった。[1] これらの所領はウェールズの十州およびウェールズ辺境地方（Marches）にあり、地域的ベースでいくつかのグループに区分されていた。そしてジョン・マイルウォーターJohn Millewaterが、これらの所領の出納長として、エドワード四世によって任命されたのである。ジョン・マイルウォーターの会計報告は、北部ウェールズおよびチェスターChester

における王室会計監査官として一日につき五シリングの収入を得たジョン・ルシントンJohn Luthingtonによって、ヘレフォードHerefordにて検査された。[2]すなわちこのジョン・ルシントンに任された会計検査は、従来のやり方とは違い、財務府を無視してその外で行われたのである。

第1節　一四六一—六三年のジョン・マイルウォーターの会計録

ジョン・マイルウォーターの会計報告は、一四六一年のミカエル祭に始まっている。その登録（Entry）の最初の方に、「これは、本任務における当該出納官の最初の会計報告ゆえ、延滞金は全く無い」とあり、ジョン・マイルウォーターが、新たな王領管理機構が試みられた前述の諸所領に関する出納長としての、最初の任務であったということがわかる。ジョン・マイルウォーターの会計報告の全文試訳は次の通りである。

領主である国王の種々の土地に関する出納長ジョン・マイルウォーターの任務

延滞金

領主である国王エドワード四世の、すなわちマーチ伯領のみならずランカスター公領および王室の種々の城郭、領地、荘園および土地に関すると、さらにまた、バッキンガム公ハンフリーならびにノーフォーク公ジョンに属していたものであって、当該両公爵の各相続人が未成年であるゆえに、目下、すなわち前述の国王エドワード四世の（治世）第一年の聖ミカエルの祝日から同国王の（治世）第三年の同ミカエルの祝日まで、すなわちまる二年間国王自身の掌中に置かれる種々の城郭、領地および土地に関する出納長ジョン・マイルウォーターの会計録

これは、本任務における当該出納官の最初の

	会計報告ゆえ、全く無い。
デンビーDenbigh	しかしながら彼は、前述の期間に上記所領の出納官デビッド・ミデルトン David Middilton から受け取った七九ポンド〇シリング五ペンスなる受領額の使途を報告せし **合計七九ポンド〇シリング五ペンス**
モンゴメリーMontgomery、カーKer およびセデウェイン Cedewain	しかして、前述の期間に、上記諸所領の出納官 Howell ap Jevan Lloyd からの受領額五八ポンド一六シリング五ペンス也（受領額の使途を報告せし） **合計五八ポンド一六シリング五ペンス**
ラドナーRadnor	しかして、前述の期間に、上記諸所領の出納

およびマエリニド Maelienydd	官 Rees ap David ap Howell Veyne からの受領額一四九ポンド九シリング九ペンス也 **合計一四九ポンド九シリング九ペンス**
ウィグモア Wigmore とヘレフォード Hereford 州	しかして、前述の期間に、上記所領の出納官ジョン・ヘビン John Hebyn からの受領額三〇ポンド一四シリング四ペンス也 **合計三〇ポンド一四シリング四ペンス**
シュロップシャー Shropshire 州について	なし
ビルス Builth	しかして、前述の期間に、上記所領の出納官 Walter ap David ap Howell からの受領額五六

クリフォード Clifford、グラスベリー・ウィンフォード Glasbury Winforton、エウイアス Ewyas およびドーストーン Dorstone

ウスク Usk およびカーリーオン Caerleon

ポンド也

合計五六ポンド

しかして、前述の期間に、上記諸所領の出納官 Thomas ap Rosser ならびに Philip ap Griffith Lloyd からの受領額三七ポンド也

合計三七ポンド

しかして、前述の期間に、上記諸財産の出納官 Trahairon ap Jevan ap Menrek からの受領額一二一ポンド一一シリング八ペンス也

合計一二一ポンド一一シリング八ペンス

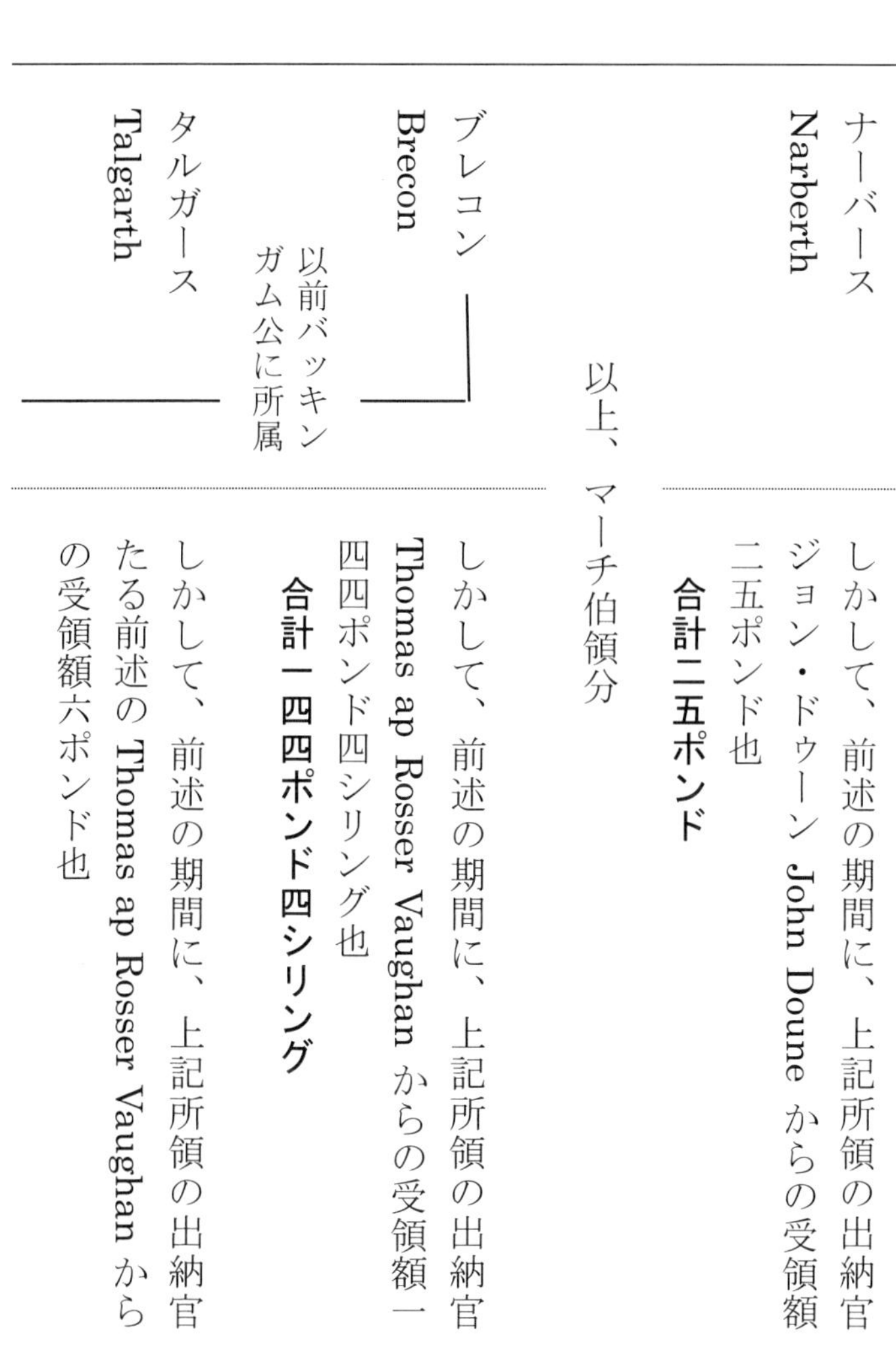

ナーバース Narberth

以上、マーチ伯領分

ブレコン Brecon
タルガース Talgarth
以前バッキンガム公に所属

しかして、前述の期間に、上記所領の出納官ジョン・ドゥーン John Doune からの受領額二五ポンド也

合計二五ポンド

しかして、前述の期間に、上記所領の出納官 Thomas ap Rosser Vaughan からの受領額一四四ポンド四シリング也

合計一四四ポンド四シリング

しかして、前述の期間に、上記所領の出納官たる前述の Thomas ap Rosser Vaughan からの受領額六ポンド也

ヘイ Hay

ニューポート Newport およびグウェンスウグ Gwynllwg

合計六ポンド

しかして、前述の期間に、上記所領の出納官たる同 Thomas ap Rosser Vaughan からの受領額一一ポンド一三シリング四ペンス也

合計一一ポンド一三シリング四ペンス

しかして、前述の期間に、上記諸所領の定額請負人たるハーバート Herbert 卿ウィリアムからの受領額二〇〇ポンド也。しかして彼はまた、当会計報告の開始以前のミカエル祭期に、当該卿からの受領額五〇ポンドをも引き受けし

合計二五〇ポンド

王室のハーバーフォードウェスト Haverfordwest	しかして、前述の期間に、上記所領の定額請負人たる当該ハーバート卿からの受領額一〇〇ポンド也 **合計一〇〇ポンド**
ノーフォーク Norfolk に以前属せしスウォンジー Swansea、キルビー Kilvey およびガワー Gower	しかして、前述の期間に、上記諸所領の定額請負人たる前述のハーバート卿ウィリアムからの受領額六六ポンド一三シリング四ペンス也 **合計六六ポンド一三シリング四ペンス**
モンマス―Monmouth と人員	しかして、前述の期間に、上記所領の出納官ヒュー・ハントリー Hugh Huntley からの受領額二七五ポンド九シリング七ペンス也

キドウェリー Kidwelly
オグモア Ogmore
──ランカスター公に所属

王室のフォレスト・オブ・ディーン Forest of Dean

合計二七五ポンド九シリング七ペンス

しかして、前述の期間に、上記所領の出納官ヘンリ・ダン Henry Doune からの受領額四〇ポンド也

合計四〇ポンド

しかして、前述の期間に、上記所領の出納官ジョン・ストラドリンゲ John Stradlynge からの受領額六四ポンド也

合計六四ポンド

しかして、前述の期間に、上記所領の出納官ロバート・ハイアット Robert Hiotte からの受領額一〇〇ポンド也

合計一〇〇ポンド

受領総額一、五二〇ポンド一二シリング一〇ペンス

給与

彼は、一年につき二〇ポンドということで、当会計報告期間中にその期日が来る一年分の、マーチ伯領尚書トマス・コルト Thomas Colt の給与として、領収書（Acquittance）によって以上の受領総額から二〇ポンドの使途を報告す。しかして、一年につき六〇ポンドということで、当会計報告期間に、その給与に充てるためだけでなくその出費用としても計算された前述の出納官の給与として、一二ポンド

合計一四〇ポンド

領主である国王の支払命令書（Warrants）による支払い

しかして、グリニッジ Greenwich にて同国王の（治世）第一年一月五日付、領主である国王の支払命令書によるジェームズ・フリース James Friis への支払いとして、領収書によって一八ポンド一八シリング八ペンスを（報告）。しかして、ウェストミンスター宮殿にて前述の国王の（治世）第二年十月十六日付、領主である国王の支払命令書によるエスクワイアトマス・ハーバートへの支払いとして領収書によって四四ポンドを。しかして、ダラムにて当該国王の（治世）第二年十二月十七日付、同国王の支払命令書によるハーバート卿ウィリアムへの支払いとして、領収書によって四〇〇ポンドを。しかして、ポンテフラクト Pontefract にて前述の国王の（治世）第

領主である国王の金庫への現金引き

三年十一月十七日付、当該領主である国王の別の支払命令書による同卿への支払いとして、すなわち当該領主である国王の王室府の用途として手渡された肉牛八十頭分の代価として、領収書によって六六ポンド一三シリング四ペンスを。しかして、ウェストミンスター宮殿にて同国王の（治世）第三年三月五日付、領主である国王の支払命令書によるウィリアム・ベネット William Benet への支払いとして、三〇ポンド一五シリング一ペニーを。

合計五六〇ポンド七シリング一ペニー

しかして、三枚の領収書によって、当該会計報告期間に上述の受領総額の中から、いま報

渡し

告中の出納長、前述のジョン・マイルウォーターの責任額八二〇ポンドを、領主である国王の金庫へ現金で引き渡したのであり、フォザリンゲイ Fotheringay 城にて当該国王の（治世）第二年八月十六日付第一番目の領収書には四七八ポンド一三シリング四ペンス、ウェストミンスター宮殿にて同国王の（治世）第三年五月二十四日付第二番目（の領収書）には二〇八ポンド、そしてコヴェントリ Coventry にて同国王の（治世）第三年九月三日付第三番目（の領収書）には一三三ポンド六シリング八ペンスとあり。

合計八二〇ポンド

すべての支出および引渡し金の合計一、五二〇ポンド七シリング一ペニー。しかして彼は五シリング九ペンスを請求さる。(3)

以上の会計録から次のことが明らかとなる。ジョン・マイルウォーターは徴収した金銭の納入にあたって、財務府の割符(Tally) あるいは令状 (Writ) によってではなく、御璽局 (Signet Office) から発せられた書状 (Letter) によって国王から指図を受けたということ。[4] 監督的立場にある出納長ジョン・マイルウォーターのほかに、各所領にもそれぞれ出納官が配置され、彼らが直接農民から金銭を徴収する仕事に従事していたことも明白である。また出納官が配置されておらず、定額請負人(Farmer) が金銭の徴収に従事した所領もあった (たとえばニューポートNewpor 所領やグウェンスゥグ Gwynllwg 所領のごとき)。出納長ジョン・マイルウォーターは、全担当所領から徴収した金銭の受領総額の中から、同会計報告期間中に当初の契約による支払期日がきた者 (たとえばマーチ伯領尚書) にその任務に対する給与を支払っている。また国王は、グリニッジやウェストミンスター宮殿などいろいろな場所から出納長ジョン・マイルウォーター宛てに支払命令書を発し、指定人物、すなわちたぶん同支払命令書の持参人に、同受領総額の中から指定金額を支払わせた。つまり国王は、各方面から種々の物資を購入し、その支払いを支払命令書によって出納長ジョン・マイルウォーターに命じたのであった。確証はないが、それはおそらく次のような❶から❼の過程を踏んで行われたものと推察される。

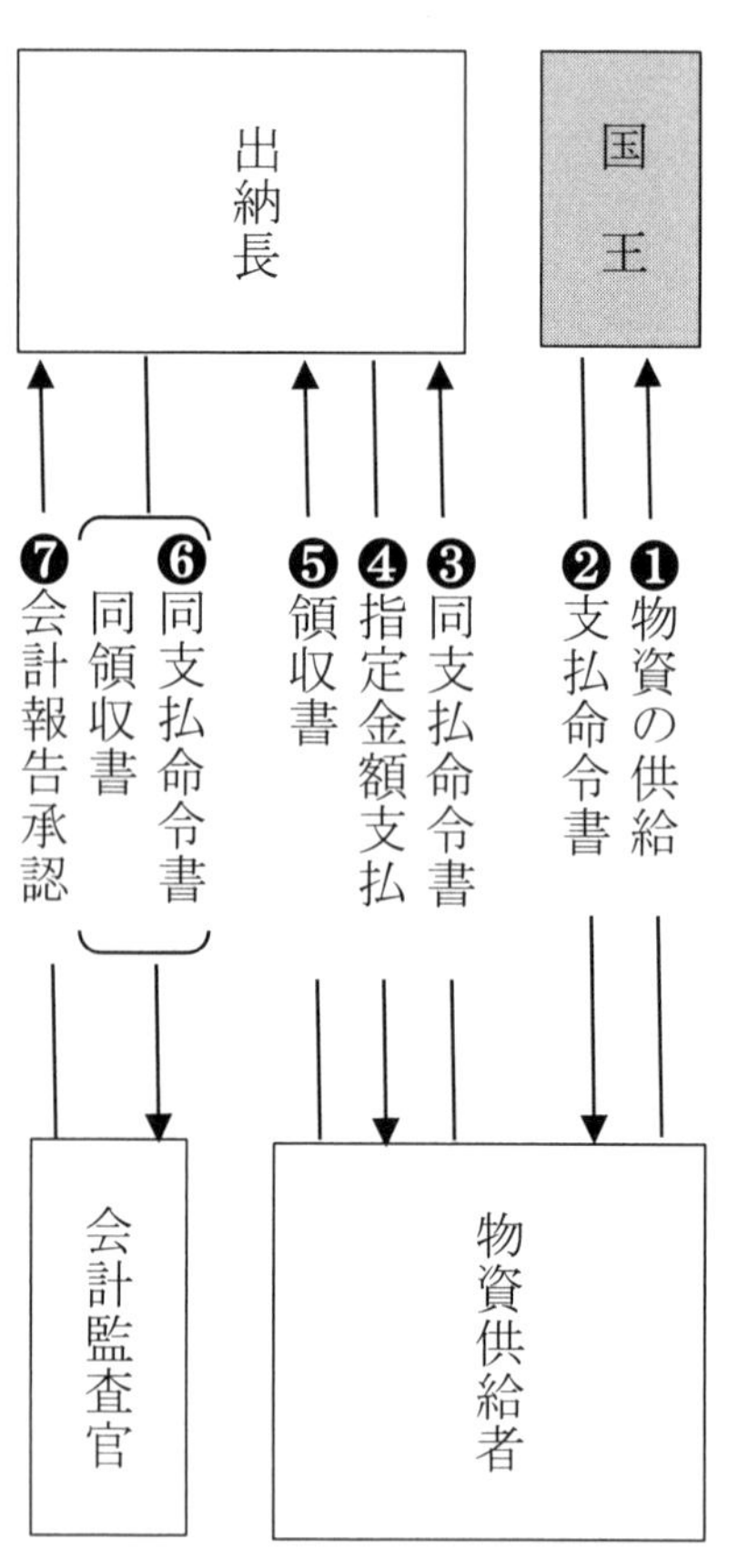

さらに国王は、いろいろな時期にいろいろな場所、たとえばフォザリンゲイ城とかコヴェントリーといった場所で、出納長ジョン・マイルウォーターに一定額の現金を国王のチェムバーChamber（王室財務部）において直接手渡すように命じている。出納長の受領総額一、五二〇ポンド一二シリング一〇ペンスのうち、国王の金庫へ引き渡された現金の合計が八二〇ポンドであるから、これは出納長ジョン・マイルウォーターによる受領額のほぼ「半分強」に近いことになる。なお国王のチェムバーは国王の宮廷移動に伴って一緒に移動したことがわかる。

したがってエドワード四世が、父によってサー・ジョン・ファストルフ Sir John Fastolf に質入れされていた宝石類や貴重品を買い戻したいと思えば、エドワード四世は単にジョン・ファストルフの指定遺言執行者（Executor）であったジョン・パスタ John Paston に種々の財務府フィーファームからの金銭の支出指定（Assignment）を行うだけでそのことが簡単にできただけでなく、財務府による支払い見込書（Exchequer Assignments）が現金化されるのに手間どったり、あるいはまた財務府によってその履行を拒否されるような事態が生じるということも十分考えられたので、そのような場合には、エドワード四世自身の金庫がそれらの支払いを引き受けるということで、これらの宝石類や貴重品の買戻しをバックアップすることもまた容易にできたのである。[5]

一四六五年のミカエル祭に、エドワード四世は、伝統に従って、王妃にこれらの所領の一部を与えたが、それらの所領は有能な同出納長の管理下にそっくりそのまま残された。そしてその収益の大部分は王の指図に従って処置され続けたのである。たとえば一四六七―六八年に、王妃は出納長ジョン・マイルウォーターから四三五ポンド一三シリング四ペンスを受け取ったが、八二六ポンド七シリング三ペンス二分の一は王の指図通りに、つまり主として御璽令状（Signet Warrants）により、王自身の掌中へ納入される現金として、王に支払われたのであった。[6] つまり、エドワード四世が、王妃に所領の一部を与えたのは、所領を賦与することによって王妃の生活を経済的に保護するという伝統に単に形式的に従ったにすぎないと言えよう。

第2節　回収所領・復帰所領・没収所領

1　回収所領（Resumed Lands）

回収という特別な所領方策は、その他のいろいろな大所領、すなわちヨーク政権による統治十二年目となる一四七二年以降に王室の管理下にはいった大所領に対してほぼ例外なく適用されたと言ってよい。

この一四七二年に、エドワード四世は、ヨーク大司教ジョージ・ネヴィル George Neville からオックスフォードシャーのウートン Wootton 郡と、同州内のウッドストック Woodstock 荘園、ハンバラ Hanborough（または Handborough）荘園、ウートン荘園およびストーンズフィールド Stonesfield 荘園を回収している。これらの郡や荘園は国王からの贈与としてジョージ・ネヴィルに与えられたものであった。エドワード四世はこれらの所領にみずからの信頼を置いているエスクワイアのリチャード・クロフト Richard Croft を告発官（Approver）兼出納官[7]として口頭で任命し、同時にトマス・アレイン Thomas Aleyn にウッドストックにてリチャード・クロフトの会計検査を行うように命じている[8]。エドワード四世は、さっそく治世第十二年（一四七二年）十一月、財務府に次のような一通の令状を送っている。

リチャード・クロフトならびにその他の者たちについて

神の恩寵により、イングランドならびにフランスの国王でありアイルランドの領主であるエドワードは、余の財務府の長官ならびに顧問官たちに挨拶する。そこで、ヨーク大司教でかつ前エクセターExeter 司教ジョージは、ウッドストック、ハンバラ、ウートン、ストーンズフィールド各荘園とこれらのすべての人員および小村（Hamlets）とその他の諸利益、日用品、それにオックスフォード州内のこれらの各荘園の従物の余の定額請負人であり、かつまた当該オックスフォード州内のウートン郡の定額請負人だったが、ある熟慮が余をしてとくにかきたてさせるがゆえに〔余は〕ごく最近、余の信頼とし最愛とするエスクワイアリチャード・クロフトに対して、当該諸荘園の指導に当たること、そして監督すること、さらに当該諸荘園および郡とこれらのすべての従物の告発官となりかつ余の出納官となるべきことを口頭で命令し、また余の治世第十一年のイースターよりこれまで余の当該ウッドストック荘園内のスチュワード、猟園番（Parker）およびその他のすべての役人たちと同様、当該諸荘園ないし郡およびこれらにかかわるいかなる部分についても、その内部にいて余になんらかの奉仕をするために食を与えられるなり雇用されるなりしている石工（Masons）、大工（Carpenters）、左官（Daubers）、労働者およびその他のこの種の者全員についても、そのあらゆる種類の給与、賃金および報酬を彼らに支払うべく、彼を任命した。しかしてその上余は、前期諸財産の中において彼によって支払われかつ彼がその中から返報を受け取ることを（余が）快しとする金額の重大なる責任を同リチャード・クロフトが以上の期間だけ負いかつ支払ってきたということを理解しているがゆえに、余の治世第十一年のイースターよりこれまでの当該諸荘園および郡の収益、利益および歳入について、なんじらは当該リチャード・クロフトを相手として会計検査をすることを、なんじらに望み、かつ直接命じる。しかして、余の治世第十一年のイースターよりこれまでの何時（なんどき）であろうとも、前期諸財産に関するかあるいはそれらにかかわるなんらかの部分に関連する補償金について、すなわち当該イースターよりこれまでに当該ウッドストックの諸荘園のスチュワードたちやあるいはまた当該諸荘園、郡、ないしはこれらのうちのいずれについても、その内部にいるその他のどのような役人、召使（Servants）、臣下（Ministers）ないし労働者であろうと、彼らの賃金、給与ないし報酬として、また当該ウッドストック荘園、コーンベリーCornbury狩猟園、同番小屋の大工、石工、労働者、猟園番たちの賃金ないし報酬（Hires）、同諸狩猟園の修復および囲い、そしてたとえどのようなものであろうとも、同諸荘園の各粉碾場および諸々の家屋の修理について、当該リチャード・クロフトによって支払われるなり手渡されるなりしたすべての金額、さらにその他の必要な諸費用および諸出費、また余の治世第十一年の当該イースターよりこれまで当該諸荘園および郡内において、同諸荘園および郡から当該イースターよりこれまでに生じた収益、利益、定額請負料および歳入について、当該リチャード・クロフトによって支払われるなり手渡されるなりしたすべての金額に関して、彼によって支払われ、手渡され、あるいは消費されたということを、宣誓による当該リチャード・クロフトの同会計報告で申し立てさせられるなりするところの前述のすべての金額について、以上の会計検査でなんじらは、当該リチャード・クロフトを許し、返報を与え、かつ免責すること。しかしてその上に、余の開封勅許状により、ごく最近、当該リチャード・クロフトを余の当該諸荘園および郡とこれらの従物の告発官兼出納官とし、余の当該開封勅許状にさらに詳細に記載されていることではあるが、他所においてではなく、余の当該ウッドストック荘園において、会計検査に関する会計監査官に余がときどき選任して（それを）履行すべくしてきたトマス・アレインの前で、余に対して毎年それについて会計報告を履行し、リチャード・クロフトが同諸荘園および郡とこれらの従物の中で申し分なくふるまう限りは、以上の任務を有し、かつ占めるようにし、かつ定めた。余はなんじらに以下のことを望み、かつ命じる。すなわち、今後いかなるときにあっても当該諸荘園および郡ないしこれらにかかわるいかなる部分であろうとも、その収益および利益について、リチャード・クロフトにその会計報告を履行させるために、今後いかなる際にもなんじらは当該リチャード・クロフトに対して余の財務府によってなんらの訴訟手続きをも行われるべく呼びかけることも要求することもないようにすること。さらに、当該諸荘園および郡とこれらの従物ないしこれにかかわるいかなる部分であろうとも、その収益および利益について、彼によって履行されるべき余に対する会計報告ゆえに、すなわち当該第十一年のイースターよりこれまでに、あるいは今後きたるべきいかなる際にあっても、前期諸財産のうちのいずれかについて当該大司教が請求されたりあるいは請求されるべきなんらかの定額請負料ゆえに、すなわちこれらにかかわるなんらかの延滞金（Arearages）ゆえに、当該大司教を相手取って余の当該財務府によってなんじらはなんらの訴訟手続きも裁定もしないのではなくて、すべての会計報告、定額請負料、延滞金（Areargesni[ママ]）について当該大司教をなんじらは免責し、しかしてその上、前期諸財産に対してかあるいはこれらのために、当該大司教ないしリチャード・クロフトかあるいはまた彼らのうちのいずれかを相手取って余のために行ったりあるいは行うべきなりすべきなりの一切の訴訟手続き、強制執行および請求を永久にやめること。なんらかの法令、制定法、勅令、協約ないし制限、あるいはたとえ他のどのような事柄であろうとも、これらがなんじらをして反せしめるとしても、これに対して、前期諸財産に関するかまたはこれら諸財産のうちのいずれかに関するか、あるいはこれら諸財産にかかわるなんらかの事柄に関する明確な陳述は、本状ではなされるなり行われるなりすべきではないということ。余の治世第十二年〔一四七二年〕十一月十四日、余のウェストミンスター宮殿にて、余の玉璽を捺印して作成。(9)

ヨーク大司教ジョージ・ネヴィルは国王の定額請負人だった。したがってその請負地を国王が回収したことになる。そして新たにエスクワイアのリチャード・クロフトを同地の告発官兼出納官に任じて、これらの回収所領の収益の納入を国王に直結させせた。

エドワード四世は令状の冒頭部分で、これまでヨーク大司教ジョージ・ネヴィルがこれらの回収所領の定額請負人だったが、ごく最近リチャード・クロフトをこれらの回収所領の告発官兼出納官に任じたということを財務府に告知している。

そしてエドワード四世はあらかじめ財務府に断らずに出納官リチャード・クロフトに、ウッドストック、ハンバラ、ウートン、ストーンフィールドの各荘園と、ウートン郡およびこれらに関係がある地域にて国王に奉仕している石工、大工、左官、労働者およびその他のこの種の者全員の給与、賃金および報酬を支払わせたことを財務府に通知している。[10]これらの支払は、「エドワード四世治世第十一年のイースターよりこれまで」働いた分の給与・賃金であった。そしてエドワード四世は以下の三項目を財務府に命じている。

㈠　エドワード四世治世第十一年のイースターよりこれまでの当該諸荘園および郡の収益、利益および歳入について、財務府はリチャード・クロフトを相手として会計検査を行うこと。

㈡　同期間に出納官リチャード・クロフトによって各方面に支払われたすべての金額について、同会計検査の際に同リチャード・クロフトを許し、免責すること。

㈢　同会計検査のとき、同リチャード・クロフトに給与を与えること。

命令㈡の「すべての金額」とは大きく二種類に分けられる。一つは当該回収所領に充てられた補償金＝資金であり、これはあらかじめ国王が出納官リチャード・クロフトに持たせたもののようである。これは具体的に次の支払いに充てられた。

①　当該回収所領内の国王の種々様々な役人たちへの給与。

②　当該回収所領内で国王に雇用された種々様々な職人、労働者および猟園番たちへの賃金・給与および報酬。

③　諸狩猟園の修復および囲い代。

④　諸荘園の粉碾場および家屋等の修理代。

⑤　その他の必要な諸経費・諸費用。

すなわちこのようにこれらの出費が「補償」という形をとったのは、おそらくエドワード四世がヨーク大司教ジョージ・ネヴィルからこれらの所領を回収することによって無駄の多い古い管理体制を一掃し、心機一転、新たな管理システムを整えるために、つまり国王に最も役に立ちうる効果的な所領に組みかえるためにあらかじめ必要とされた金額・資金だったからであろう。いま一つは当該回収所領の収益、利益、定額請負料および歳入の中から出納官リチャード・クロフトによって上述のような種々様々な方面に支払われた金額であった。

さらにエドワード四世は、開封勅許状によって、ごく最近、リチャード・クロフトを当該回収所領の告発官兼出納官に任じ、さらに別にトマス・アレインを当該回収所領の会計監査官に任じたことを財務府に告知したあとで、以下の四項目を財務府に命じている。

㈠ **今後いかなるときにあっても**、当該回収所領の収益および利益について、出納官リチャード・クロフトに会計報告を履行させようとして訴訟手続きを起こしたり、呼びかけたり、金銭納入を請求したり、一切しないこと。

㈡ エドワード四世治世第十一年のイースターよりこれまでの、あるいは今後いかなるときにあっても、当該回収所領の会計報告、定額請負料、延滞金に関して、ヨーク大司教のジョージ・ネヴィルを免責すること。

㈢ 当該回収所領に関して、同ヨーク大司教か出納官リチャード・クロフトかを相手取った一切の訴訟手続き、強制執行および受領額の請求を永久にやめること。

㈣ 以上の諸命令が法令、制定法、勅令、協約ないし制限その他に反するものであったとしても、当該回収所領に関する詳細な陳述はこの令状の中では行わないこと。

エドワード四世は、「治世第十一年のイースターよりこれまで」の当該回収所領の収益に関する会計検査を最後としてその後は財務府がこれらの回収所領の管理に直接関与するのを禁じたのであった。㈠からもわかるように、出納官リチャード・クロフトは、エドワード四世「治世第十一年のイースターよりこれまで」

の会計報告一回だけを財務府で済ませ、以後は財務府においてではなく、ウッドストックにおいて、国王の会計監査官トマス・アレインに会計報告を履行するように義務付けられたのである。また㈡からヨーク大司教ジョージ・ネヴィルを財務府の統制からはずし、国王のチェムバーの監督下に置いたことがわかる。すなわちこれは、財務府が国王の出納官を無視して同大司教から当該回収所領の受領額を取り立てるという事態の発生を未然に防ぐための配慮であったと考えられる。

　このようにして、エドワード四世は、当該回収所領を直接そのチェムバーの統制下に編入し、当該回収所領に派遣された出納官を通じてこれらの所領の管理状態を直接把握し、それらの経営状態をより良くするために、彼に下位役人たちや領民の指導にあたらせたのである。出納官リチャード・クロフトのやり方はかなり厳しかったらしく、領民たちは不平を訴え、国王に嘆願(三)することもあった。

　以上、回収所領に関しては、ヨーク大司教ジョージ・ネヴィルから回収された所領について見てきたが、一四七二年以降に王室の管理下に入った他の回収所領にもこれと同じ政策が採られたのである。

2　復帰所領（Escheated Lands）

一四六二年から一四六四年にかけて、ダラム司教区――前掲〔地図Ⅰ〕（39頁）参照――から一時的に押収された不動産収入（Temporalities）は、王室府出納長（Treasurer of the Household）、王室府財務管理官（Controller of the Household）およびトマス・コルト Thomas Colt の管理下に置かれた。彼らは中央の財務府においてではなく、ダラム司教区の財務府においてその職務を執る特別会計監査たちの前で会計報告を履行するように命ぜられた。[12] 言うまでもないことであるが、なぜ司教領がこのように国王のチェムバーの管轄下に置かれるようになったかというと、「司教位は聖職ゆえに世襲はありえず、空位中のダラムは王領」[13] として国王に復帰したからである。このような教会領のほか、修道院領も同様であった。

この点についてはチャートシーChertsey 大修道院の例がわかっており、後述する。後見下にあった所領（Wards' Lands）では、シュルーズベリーShrewsbury 伯のタルボット Talbot 所領――〔地図Ⅲ〕（次頁）参照――が、復帰所領としてチェムバーの管轄下に置かれた。[14] これらのタルボット所領には、最初、国王付法務官（King's Solicitor）リチャード・ファウラーRichard Fowler（のちのランカスター公領尚書）が出納長に任命され、そのあとジョン・マイルウォーター、リチャード・クロフト、ジョン・スイフトJohn Swyft およびトマス・スティドルフ Thomas Stidolff がその任務にあったとき、財務府はすでに以前から気付いていたか否かは不明であるが、いずれにせよ、タルボット所領の会計検査がまだ済んでいないのを理由に、同トマス・スティドルフを相手取って訴訟手続きを起こしたのである。そこでそのことについて、エドワード四世治世第十六年（一四七七年）二月十八日、グリニッジ宮殿から財務府宛てに次のような一通の令状が発せられた。

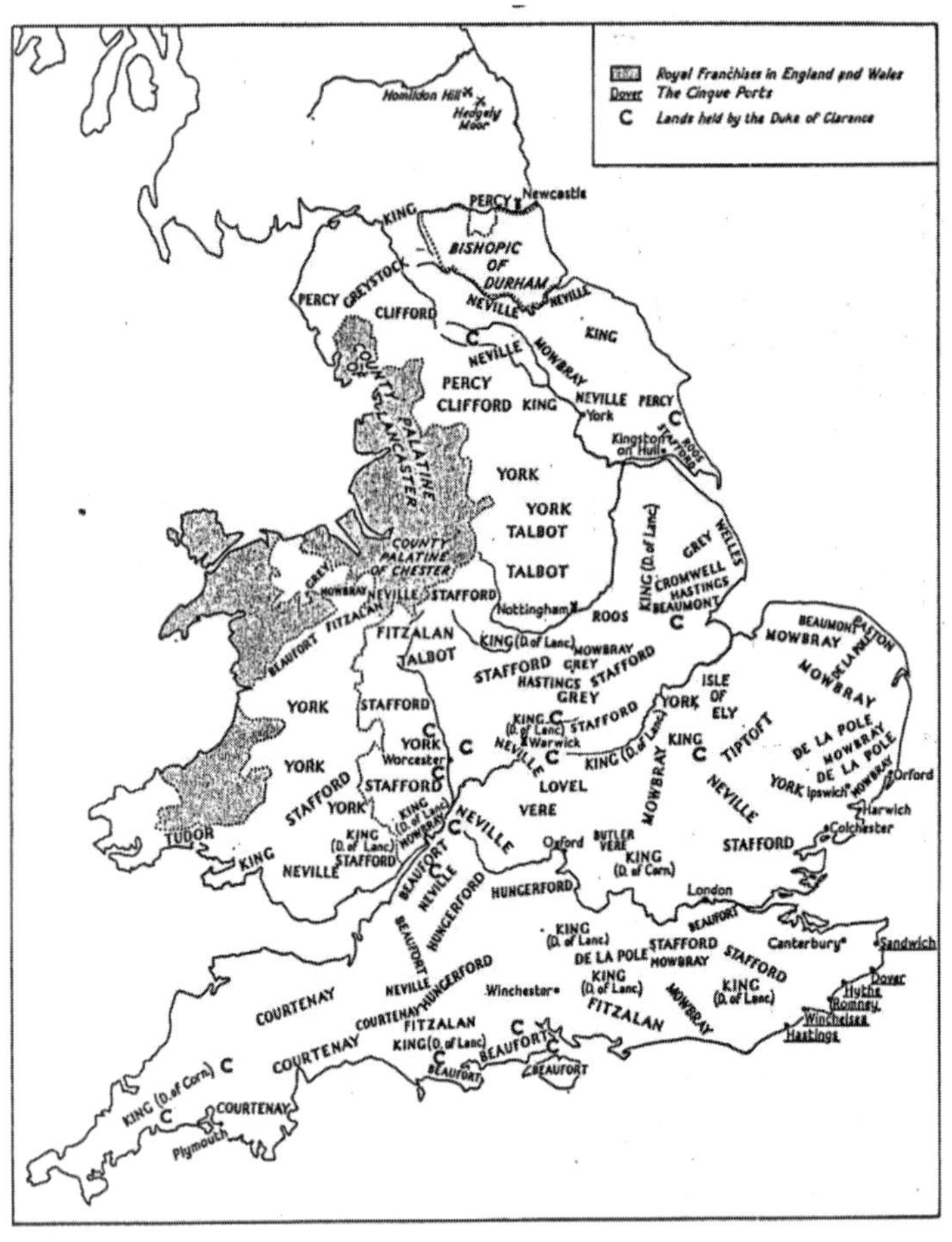

Royal Franchises in England and Wales
Dover The Cinque Ports
C Lands held by the Duke of Clarence
Homildon Hill
Hedgely Moor
PERCY
Newcastle
KING
BISHOPIC OF DURHAM
GREYSTOCK
PERCY
CLIFFORD
NEVILLE
NEVILLE
KING
MOWBRAY
NEVILLE
COUNTY PALATINE OF LANCASTER
PERCY
CLIFFORD
KING
NEVILLE
PERCY
York
Kingston on Hull
STAFFORD
ROOS
YORK
YORK
TALBOT
TALBOT
KING (D. of Lanc)
GREY
WELLES
CROMWELL
HASTINGS
BEAUMONT
COUNTY PALATINE OF CHESTER
GREY
MOWBRAY
NEVILLE
STAFFORD
Nottingham
ROOS
FITZALAN
BEAUFORT
FITZALAN
TALBOT
KING (D. of Lanc)
MOWBRAY
STAFFORD
GREY
HASTINGS
STAFFORD
GREY
BEAUMONT
PASTON
MOWBRAY
DE LA POLE
MOWBRAY
ISLE OF ELY
YORK
TIPTOFT
YORK
STAFFORD
STAFFORD
KING (D. of Lanc)
STAFFORD
Warwick
YORK
Worcester
NEVILLE
KING (D. of Lanc)
KING
DE LA POLE
MOWBRAY
DE LA POLE
MOWBRAY
YORK
Ipswich
Orford
Harwich
Colchester
YORK
STAFFORD
STAFFORD
YORK
LOVEL
VERE
MOWBRAY
NEVILLE
TUDOR
KING (D. of Lanc)
MOWBRAY
KING (D. of Lanc)
STAFFORD
NEVILLE
KING
NEVILLE
BEAUFORT
NEVILLE
Oxford
BUTLER
VERE
KING (D. of Corn)
STAFFORD
HUNGERFORD
HUNGERFORD
London
BEAUFORT
BEAUFORT
KING (D. of Lanc)
DE LA POLE
STAFFORD
MOWBRAY
STAFFORD
Canterbury
Sandwich
Dover
Hythe
Romney
Winchelsea
Hastings
COURTENAY
NEVILLE
HUNGERFORD
Winchester
KING (D. of Lanc)
KING (D. of Lanc)
MOWBRAY
COURTENAY
FITZALAN
FITZALAN
KING (D. of Lanc)
BEAUFORT
BEAUFORT
BEAUFORT
COURTENAY
KING (D. of Corn)
COURTENAY
Plymouth

〔地図Ⅲ〕

トマス・スティドルフについて

神の恩寵により、イングランドならびにフランスの国王でありアイルランドの領主であるエドワードは、余の財務府の長官ならびに顧問官たちに挨拶する。そこで、余の治世第十三年十月十九日付の余の開封勅許状によって、余は、余のバークシャー州におけるシュリヴェナム Shrivenham 荘園とその従物、余のウィルトシャー州におけるスウィンダム＝ブロートン Swindom=Broughton 荘園とその従物および余のグロスター州におけるリドニー Lydney 荘園――これらは、故シュルーズベリー伯ジョンの子で相続人であるシュルーズベリー伯ジョージ・タルボット George Talbot が未成年であるゆえに、余の掌中に置かれている――のスチュワード兼出納官の任務をトマス・スティドルフに付与し、かつ授与して、余の同開封勅許状にさらに詳細に記載されているように、同諸任務に対する古くからの当然でかつ慣例的な賃金・給与で、余を満足させる限りは同トマス・スティドルフによって当該諸任務が有され、かつ占められるようにした。そこで、当該十月十九日よりこれまでに当該諸荘園に関する会計報告を余に（対して）履行した当該トマス・スティドルフに対して、余の財務府によって訴訟手続きが行われている。確かに次のことを了解している。すなわち、余の治世第十三年九月十四日付の余の開封勅許状によって、余は、当該シュルーズベリー伯ジョージに属していたすべての同諸荘園とそれらの従物に関する会計監査官の任務をリチャード・グリーンウェイ Richard Greneway に付与して、当該ジョージが未成年の間、つまり同諸荘園が余の掌中にとどまっている間は、同任務を有し、かつ占めるようにしたということを。しかして、同トマス・スティドルフは、これまで同会計監査官の前ですべての同荘園とそれらの従物に関する収益および利益を会計報告してきたのであり、その点で余によって定められた一定の方式で、これら（＝諸荘園とその従物）にかかわる余に属するすべての職責を果たしてきたのであるということを。それゆえに、なんじらに以下のことを望み、かつ命じる。すなわち、これまでの何時（なんどき）であろうとも余に対して履行されるべき前記諸財産に関するかまたはこれらのうちのいずれかに関する以上の会計報告に対してか、あるいはこれまでの何時であろうとも、同トマス・スティドルフを相手取って余のために行われたりあるいは行われるなりすべき一切の訴訟手続き、強制執行、衡平法上の訴訟（Suits）および請求をなんじらは永久にやめること。しかして、すべての当該会計報告とこれらの会計報告のあらゆることについて同トマス・スティドルフをなんじらは、永久に余に対して、まったく無罪とし、かつ免責すること。なんらかの制定法、協約ないし制限、あるいはたとえ他のどのような事柄であろうとも、これらがなんじらをしてどうしても反せしめるとしても、前記諸財産に関するかまたはこれらのうちのいずれかに関する確信のある明確な陳述は、本状ではなされるなり行われるなりすべきではないこと。余の治世第十六年[二]〔一四七七年〕二月十八日、余のグリニッジ宮殿にて、余の玉璽を捺印して作成。

エドワード四世は令状の中でまず次のように財務府に事のいきさつを説明している。

エドワード四世治世第十三年十月十九日付の開封勅許状によって、故シュルーズベリー伯ジョン(18)の子で相続人である同伯ジョージ・タルボットが未成年のため、現在国王の掌中に復帰しているタルボット所領のスチュワード兼出納官にトマス・スティドルフを任命したということ(19)。そしてその後見下に置かれているタルボット所領とは、具体的に次の三つの所領(20)をさしていた。

一、バークシャー州におけるシュリヴェナム荘園とその従物

一、ウィルトシャー州におけるスウィンダム＝ブロートン荘園とその従物

一、グロスター州におけるリドニー荘園

そこで出納官トマス・スティドルフは、当該十月十九日から現在に至るまで、当該タルボット所領の会計報告を国王に対して履行してきたのであるが、そのことに対して財務府が出納官トマス・スティドルフを相手取って訴訟手続きを起こし

ているということ。

また別に、エドワード四世治世第十三年九月十四日付の開封勅許状によって、当該タルボット所領が国王の後見下に置かれている間だけ、リチャード・グリーンウェイを当該タルボット所領の会計監査官に任じたということ。

よって出納官トマス・スティドルフは、国王の指図通りに、財務府に対してではなく、同会計監査官リチャード・グリーンウェイに対して当該タルボット所領の会計報告を履行してきたということ。

そこでエドワード四世は次の三項目を財務府に命じている。

㈠ 出納官トマス・スティドルフの当該タルボット所領に関する以上の会計報告について、財務府は直接干渉すべきではなく、当該会計報告に対しても出納官トマス・スティドルフに対しても今後一切の訴訟手続き、強制執行、訴訟および受領額の請求を永久にやめること。

㈡ また財務府は、当該会計報告についても、その会計報告を行った同トマス・スティドルフについても、国王への罪はないものとし、受領額はすべて納入されたものとすること。

㈢ 以上のような国王の政策が、従来の法律、協約ないし制限に照らして慣例に反するものであるとしても、その点については本令状では触れないこと。

これはタルボット所領に関する国王の令状であったが、別にタルボット家の領主権が行使された領地もいくつかあったのであり、それらの領地のうちヨーク州とノッティンガム州におけるハラムシャーおよびワークソップ Worksop に関する令状についても見てみたい。この令状は一四八二年二月二日にロンドン塔にて作成され、財務府に送り届けられたものである。もちろん、財務府がウェストミンスターに置かれていた(21)ことは言うまでもない。

ジョン・スイフト John Swyft について

神の恩寵により、イングランドならびにフランスの国王でありアイルランドの領主であるエドワードは、余の財務府の長官ならびに顧問官たちに挨拶する。そこで、余の当該財務府では一層明白となっていることのようではあるが、シュルーズベリー伯ジョージが未成年であるゆえに余の掌中に復帰したヨーク州における、ノッティンガム州における、ハラムシャー Hallamshire およびワークソップ Worksop とこれらの従物の余の領地に関する出納官ジョン・スイフトに対して、彼の当該任務において余に属している、すなわち余の治世第十四年六月二日よりこれまでの、彼のすべての受領額についての会計報告を余に対して履行すべきことのゆえに、つまりそのことについて彼は余に対して会計報告しなかったがゆえに、余の当該財務府によって訴訟手続きが行われている。余は次のことを熟慮している。すなわち余の治世第十三年九月十四日付の余の開封勅許状により、余はリチャード・グリーンウェイに対して余の親愛なるいとこであるシュルーズベリー伯ジョンに以前属していたすべての城郭、領地、荘園、土地および保有財産――故同伯の死亡により、また故同伯の子でしかも相続人である当該ジョージが未成年であるゆえに、これらの城郭、領地、荘園、土地および保有財産は余の掌中に復帰した――に関する会計監査官の任務を与えかつ授与したのであり、しかして、同開封勅許状の中に一層明らかに表記されていることではあるが、ハラムシャーおよびワークソップとこれらの従物に関する当該領地は、その城郭、領地、荘園、土地および保有財産から成る一区画の土地となすべくして、当該ジョージが未成年の間、つまり当該城郭、領地、荘園、土地および保有財産が余の掌中に置かれたままになっている間は、リチャードが当所において申し分なく振る舞う限り、当該リチャード・グリーンウェイ一人に同任務が有されかつ占められるようにしたのであるということを。しかして余が確かに承知していることではあるが、同開封勅許状によって（当該リチャード・グリーンウェイが）当該会計監査官の任務を占めかつ有したのであったし、今もなお占めかつ有しているのである。しかしてその上余は次のことも熟慮している。すなわち当該ジョン・スイフトSwift（ママ）は、当該ヨーク州にあるシェフィールドSheffield城において、同領地の会計監査官である当該リチャード・グリーンウェイの前で、当該六月二日よりこれまでのハラムシャーおよびワークソップの当該領地から生じた収益および利益について会計報告してきたということ、しかして余が確かに承知していることではあるが、以上の期間（六月二日よりこれまで）の当該領地から生じた収益および利益について余は（当該ジョン・スイフトからの）答弁を受けるべきであるということを。しかして以上のゆえに、余からの特別の恩恵、つまり一定の専門的知識と単なる命令申請の点において、日ごろの当該収益および利益あるいはそれらのいずれかの部分に関するなり、ついてなりであろうと、当該ジョン・スイフトがなんじら余の当該（財務府の）顧問官たちの前でなんらかの会計報告を履行すべきことゆえに、余（の意思）に反して義務づけられるなり義務づけられるべきなりすることをどうしても快しとしない余は、なんじらに以下のことを望み、かつ命じる。すなわちなんじらは、当該会計報告あるいはそのいずれの部分についてであろうとも、当該ジョン・スイフトを相手取って余のために行ったりあるいは行うべき当該訴訟手続きを、永久にやめること。しかしてなんじらは、以上の会計報告および訴訟手続きについて、またこれらのあらゆることについて、同ジョン・スイフトを、永久に余に対して、まったく無罪とし、かつ免責すること。なんらかの制定法、法令、勅令、協約ないし制限、あるいはたとえ他のどのような事柄であろうとも、これらがなんじらをして反せしめるとしても、前記諸財産に関する確信のある明確な陳述は、本状ではまったくなされるなり行われるなりすべきではないこと。余の治世第二十一年〔一四八二年〕二月二日、余のロンドン塔にて、余の玉璽を捺印して作成。[22]

シュルーズベリー伯ジョージ・タルボットが未成年のため、タルボット家の領主権行使下にあった領地、すなわちヨーク州とノッティンガム州におけるハラムシャーおよびワークソップとこれらの領地の従物がエドワード四世の後見下に入ったが、エドワード四世は、当該領地に対しても出納官を任命している。財務府はこれに対して、エドワード四世治世第十四年六月二日よりこれまでの当該領地に関する会計報告の不履行を理由に、出納官ジョン・スイフトを相手取って訴訟手続きを起こしたのであった。つまり、出納官ジョン・スイフトは、財務府にではなく、国王の会計監査官リチャード・グリーンウェイに対して会計報告を履行したからである。すなわち、エドワード四世は、別に、治世第十三年九月十四日付の開封勅許状によって、当該領地が国王の後見下に置かれている間だけ、リチャード・グリーンウェイ一人を当該領地の会計監査官に任じ、出納官ジョン・スイフトが財務府の顧問官たちの前で会計報告をしないで、この国王の会計監査官リチャード・グリーンウェイの前で会計報告を行うように指図していたのであった。そしてエドワード四世はこのことを、治世第二十二年（一四八二年）のこの令状によって初めて財務府に告知したのである。

一方、財務府の場合、従来からの慣例によれば、国王の所領および領地の収益・受領額に関する会計報告を要求するのはきわめて当然の行為であった。エドワード四世は、財務府による会計検査の実施を決して快しとはしていないにもかかわらず、令状の中で、財務府が会計検査を行わんとする行為を「余のため」という形式的表現を使用しており、この点令状を読む上で、われわれは誤解してはならない。もし出納官ジョン・スイフトが財務府の命令に従って当該領地の収益・受領額を財務府に納入するようなことがあった場合、それは国王の意思に反する行為であり、国王がそれを快しとしないと財務府に対して強く警告していることから、明らかである。そこでエドワード四世は、財務府に次の三項目を命じている。

㈠ 出納官ジョン・スイフトの以上の会計報告に対して、財務府は同ジョン・スイフトを相手取って訴訟手続きをとるべきではないし、また今後一切の訴訟手続き、衡平法上の訴訟（Suits）および収益・受領額の請求をも永久にやめること。

㈡　以上の財務府の外部、すなわちヨーク州のシェフィールド城で行われた会計報告についても、またそのことに対して財務府によって起こされた訴訟手続きについても、同ジョン・スイフトには一切罪が無いものとし、受領額について、つまり金銭の納入について同ジョン・スイフトを免責すること。

㈢　以上のことが慣例に反するものであったとしてもその点に関する詳しいことは令状の中では触れないこと。

要するに、上述のごとく、回収所領および復帰所領――したがって所領は、永久に国王の掌中に置かれたものと、種々の理由により一時的に国王の掌中に置かれたものの二種類に大別できる[(23)]――すべてが国王によって財務府の統制からはずされ、財務府によるこれらの所領の会計検査を不可能にしているのである。そしてその政策はあらかじめ国王側から財務府に正式に通達されていなかったため、会計検査をめぐって両者の間でトラブルが発生したのであった。つまり国王のこのようなやり方に対して、財務府はあえて慣例通り会計検査を実施しようとした形跡が間違いなくある。

なお、タルボット所領の場合、出納官たちは、ヘレフォード Hereford かあるいはシェフィールド Sheffield その他において、リチャード・グリーンウェイを含むその他の幾人かの特別会計監査官たちの前で会計報告を履行したと考えられる。[24] そしてこれらの特別会計監査官たちはヘレフォードあるいはシェフィールドその他において、当然、最終会計録を作成したのである。

3　没収所領（Forfeited Lands）

多くの没収所領もまたエドワード四世治世の初めに出納官および特別会計監査官（Special Auditors）の管理下に置かれた。これらの没収所領の最も重要なものの中には、リッチモンド Richmond、ボウファト Beaufort、ロース Roos といった諸所領やノーサンバランド伯とウィルトシャー伯ジェームズの所領があった。ヨーク公領に属する土地、ホーム・カウンティー Home Counties、ケンブリッジシャー、ハンティンドンシャーおよびイースト・アングリアにあるマーチ伯領に属する土地にも、同種の役人の任命が行われた。(25) これらの没収所領およびヨーク公領に属する土地、マーチ伯領に属する土地に関して具体的に例示することは、結局これまで見てきたことの同じ説明の繰り返しなるので、ここでは多少特別な扱いをされた王弟クラレンス公ジョージからの没収所領について、主として見てゆくこととする。

さて、このような出納官および会計監査官たちによる所領管理に類似した政策・手筈が、クラレンス公ジョージからの没収所領に対しても企図された証拠がある。エドワード四世は、クラレンス公ジョージが一四七〇年にウォリック伯と共謀して謀反を起こした科(とが)により、(26) クラレンス公の広大な所領——前掲〔地図

Ⅲ」（144頁）参照――を没収したのであった。その手筈とは、具体的に一体どのようなものであったか。次の史料によってまずこの点を明らかにしたい。

一四七〇年、クラレンス公からの没収所領管理のための手筈(27)

神の恩寵により、イングランドならびにフランスの国王でありアイルランドの領主であるエドワードは、余のスチュワード、出納官、ベイリフ、管理人（Reeves）、定額請負人およびその他すべての余に臣事する人々はもちろんのこと、あらゆる種類の人々に挨拶する。なんとなれば、余の会計監査官として非常に信頼でき、申し分なく最愛とするマウントジョイ卿ウォルター・ブラウント Walter Blount、マスター・リチャード・マーティン Master Richard Martin、ヘンリ・フェラーズ Henry Ferrers およびジョン・ホーク John Hewik に余は以下のことを行うように委託し、限定し、かつ任命したからである。すなわち、最近までクラレンス公ジョージに属していたが、今はスタッフォードStafford、ダービーDerby、レスターLeicesterおよびノーサンバランドNorthumberland諸州において余に属している所領ことごとくが余に最高に役立ちかつ利益となるように指導し、導き、監督し、調査し、かつ是認すること。しかして、同所領のすべての歳入および利益からと同様に、当該クラレンス公ジョージに最近まで属していたすべての延滞金（Arearage）からもまた、余が利用するための徴収を行うこと。しかしてその上、当該会計監査官たちの自由裁量によって、余に最高に役立ちかつ利益となるように、同所領に関するあらゆる種類の役人、臣下、定額請負人、借地人およびその他のかかるすべての件を導き、裁定し、かつ確定すること。しかして当該会計監査官たちによって割り当てられ、限定され、指定されたうえで、当該会計監査官たちの各人全員に対してなされるべきあらゆる種類の不履行、補償、必要かつ適当な費用および出費を導き、裁定し、かつ確定すること。それゆえに、なんじらかあるいはまた余の会計監査官である当該マウントジョイ卿ウォルター・ブラウント、マスター・リチャード・マーティン、ヘンリ・フェラーズおよびジョン・ホークのいずれの者かが、余に代わって、余の福利その他のために資し、適当かつ必要であると考えるような事柄を、なんじらは、この余の当該会計監査官たちに対して、連帯および単独に、なんじらができそして差支えないという点において、助け、従い、援助し、助力し、かつ支持することを、余はなんじらに望み、かつ命じるものである。[28]

この史料は、まず玉璽尚書（Keeper of the Privy Seal）が玉璽を捺印した書簡を財務府長官宛てに送り、その後その書簡に対するいわば返事として作成されたもので、財務府長官のウスター伯ジョン・ティプトフト John Tiptoft が署名して玉璽尚書へ差し出した Bill とされている。[29] その日付は、一四七〇年七月十日から同年十月三十日の間とあり、[30] 今一つはっきりしない。

この史料によれば、エドワード四世はクラレンス公からの没収所領に、マウントジョイ卿ウォルター・ブラウント、マスター・リチャード・マーティン、ヘンリ・フェラーズおよびジョン・ホークら四人の会計監査官を任命することになっていた。そしてこの会計監査官たちの任務は次の四項目にまとめられる。

㈠　クラレンス公からの没収所領であるスタッフォード、ダービー、レスターおよびノーサンバランド諸州における土地が国王に最高に役立ち利益となるように指導し、監督し、調査し、かつ是認すること。

㈡　当該没収所領のすべての歳入、利益からも、同クラレンス公に最近まで属していたすべての延滞金（未払金）からも、国王が利用するための金銭を徴収すること。

㈢　当該会計監査官たちの自由裁量によって国王に最高に役立ち利益となるように、当該没収所領のあらゆる種類の役人、臣下、定額請負人、借地人およびその他このような人事関係を指導し、裁定して新たに確定すること。

㈣ 当該会計監査官たちによって割り当てられ、限定され、指定されてから当該会計監査官に対して支払われるべきあらゆる種類の必要で適当な費用・経費を導き、裁定し、新たに確定すること。またその際のあらゆる種類の不履行（**Defaults**）、補償についても導き、裁定して新規に確定すること。

当該会計監査官たちの任務は、とくに㈡から明らかなように、出納官の任務とほぼ同じ内容のものであったと考えられる。エドワード四世は以上の四項目を効果的に実施することによって、クラレンス公からの没収所領を新たな王室管理機構の枠の中に組み込もうとしたのであった。その手筈として、エドワード四世の当該会計監査官たちに対する「連帯および単独」の協力を当該没収所領の王のスチュワード、出納官、ベイリフ、管理人、定額請負人等あらゆる種類の人々に呼びかけたのである。しかしエドワード四世は、前後の詳しいいきさつははっきりしないが、一四七〇年のランカスター派貴族の謀反の際に一時国外に逃れたため、これらの手筈の執行に必要な権限を与えることができなかった。[31]

その後エドワード四世は、王弟クラレンス公との和解に失敗したため、一四七八年、私権剥奪法（Act of Attainder）によってついにクラレンス公を滅ぼした。[32]続いてエドワード四世は、その金庫を充たすために、クラレンス公から同年春に没収した治世中の「最大の単一獲得物」と称される「ウォリック Warwick、ソールズベリー Salisbury およびスペンサー Spencer 諸所領」の財政管理を最も効果的なものとならしめるために、失敗に終わっていた前述の一四七〇年の手筈を復活させたのである。[35]そしてエドワード四世はクラレンス公からの没収所領に、一四八三年の時点で、合計六人の出納官、すなわちジョン・ヘイズ John Hayes、ジョン・ルシントン John Luthington、ロジャー・フィッツハーバート Roger Fitzherbert、トマス・フリーボディ Thomas Freebody、ウィリアム・クリフォード William Clifford およびジョン・ウォルシュ John Walsh を任命していたことがわかっている。[36]これらの出納官のうち、ジョン・ヘイズの件について財務府に送り届けられた一四八〇年十二月三日付の令状は、エドワード四世の新たな所領管理機構がクラレンス公からの没収所領にも確かに及んでいたことを示している。その令状の全文試訳は次の通りである。

ジョン・ヘイズ John Hayes について

神の恩寵により、イングランドならびにフランスの国王でありアイルランドの領主であるエドワードは、余の財務府の長官ならびに顧問官たちに挨拶する。そこで、余のティバートン Tiverton の荘園と領地に関する余の出納官で、コーンウォール、デヴォン、サマセット、ドーセット、ウィルトシャーおよびサウサンプトンといった余の諸州における、すなわち故クラレンス公ジョージからの没収により余の掌中に帰したところのデヴォンシャーの諸所領およびウィルトシャー諸所領と称される所のその他のすべての領地、荘園、土地および保有財産に関する出納官で、かつコーンウォール、デヴォン、サマセット、ドーセット、ウィルトシャーおよびサウサンプトンといった余の諸州における、すなわち当該故公爵の子でかつ相続人エドワードが未成年であるゆえに余の掌中に帰したソールズベリー諸所領およびスペンサー諸所領と称される所のすべての荘園、領地、土地および保有財産に関する出納官ジョン・ヘイズは、余の治世第十九年の大天使聖ミカエルの祝日よりこれに続く次の大天使聖ミカエルの祝日まで、当該諸荘園、領地、土地および保有財産に関する収益および利益について、余の当該財務府において、余に対して説明する義務がある。余はなんじらに以下のことを望み、かつ命じる。すなわちなんじらは、以上の期間に余の当該財務府においてそれについて彼を相手に会計検査をすること。しかもその会計検査では、もっぱら彼がその宣誓によってその場で引き受けるであろう金額以外に何かほかの金額をなんじらは彼に義務付けないようにすること。しかして、それ以外のすべての金額については、彼を余に対してまったく無罪とし、免責すること。しかしてその上余は、次のことを熟慮している。すなわち同ジョン・ヘイズは、当該諸荘園、領地、土地および保有財産に関する収益および利益である六五三ポンド六シリング八ペンスを、様々なときに、余のチェムバーにおいて、余自身に支払いかつ手渡してきたのであり、しかしてその上余の口頭により、彼に与えられた命令によって、学者トマス・カットフォールドThomas Cutfoldに当該諸荘園、領地、土地および保有財産に関する収益および利益の中から四〇シリングを支払ったということを。しかしてその上ソールズベリーの聖オズマンド寺（Shrine of Saint Osmund）とエクセターのレイシーLacy司教の墓の管理人たちにランプ二個と、絶えず燃やされ続けている蝋引き燈心（Taper of Wax）を求めるための費用として六ポンド一一シリング四ペンスを（支払ったということを）。しかしてその上余が確かに承知していることではあるが、同ジョン・ヘイズは、様々なときに仕事で当該諸荘園、領地、土地および保有財産へ、これらの収益および利益を集めるために、騎行したり徒歩で赴いたりすることに総計二五ポンド一〇シリングという額に達する経費および費用を、当該任務のゆえに、自弁してきたということを。しかしてその上その額が全部で七〇七ポンド八シリングという額にのぼる、同諸荘園、領地、土地および保有財産に関する収益および利益の中から、前記諸財産その他に関する利益および効用を余に対して是認するために、余の特別命令によって、余の口頭により彼に与えられた仕事および職務のゆえに、その報酬として二〇ポンドという額を、同ジョン・ヘイズが彼自身の手に有しかつ保持するのを、余は快しとするということを。しかして余からの特別の恩恵、つまり一定の専門的知識と単なる命令申請の点において、同ジョン・ヘイズは、前記諸財産についてその会計報告を行う際に、同総額の中から二〇ポンド全額が与えられるべきであるということを。以上のゆえになんじらに次のことを望み、かつ命じる。すなわち、同ジョン・ヘイズが前記諸財産について、あるいは前記諸財産のうちのいずれかについて、余の当該財務府において、余に対して履行中かあるいは履行するなり行うなりするであろうすべての会計報告において、なんじらは、ジョン・ヘイズが前述の会計報告に際し、余のために義務付けられるなり義務付けられるべきなりするかあるいはするであろう前述の金額七〇七ポンド八シリングについて、同ジョン・ヘイズを永久に余に対して許し、まったく無罪とし、かつ免責すること。さらになんじらに次のことも望みかつ命じる。すなわちなんじらは、同七〇七ポンド八シリングという額あるいはそのいずれの部分についてであろうとも、同ジョン・ヘイズを相手取って、余のために行ったりあるいは行うべきなりする一切の訴訟手続き、（コモン・ロー上の）訴訟（Actions）、強制執行、（衡平法上の）訴訟（Suits）および請求を永久にやめること。なんらかの制定法、法令、勅令、協約ないし制限、あるいはたとえどのような事柄であろうとも、これらがなんじらをして反せしめるとしても、前記諸財産に関する確信のある明確な陳述は、本状ではまったくなされるなり行われるなりすべきではないこと。余の治世第二十年〔一四八〇年〕十二月三日、余のロンドン塔にて、余の玉璽を捺印して作成。[37]

エドワード四世は、弟クラレンスからの没収所領にジョン・ヘイズを出納官として任命したが、彼は次のように三つの出納官職を兼務していた。

㈠ 国王のティバートンの荘園および領地の出納官
㈡ 故クラレンス公ジョージからの没収所領により国王の掌中に帰したデヴォンシャー諸所領およびウィルトシャー諸所領（これらはコーンウォール、デヴォン、サマセット、ドーセット、ウィルトシャー、サウサンプトン諸州に散在していた）のすべての領地、荘園、土地および保有財産の出納官
㈢ 故クラレンス公の子で相続人エドワードが未成年のため、国王の後見下に置かれたソールズベリー諸所領およびスペンサー諸所領（同上の諸州に散在していた）のすべての領地、荘園、土地および保有財産の出納官

この令状によれば、出納官ジョン・ヘイズは、原則として財務府にこれらの領地、荘園、土地および保有財産に関する収益や利益について会計報告を行うように義務付けられている点、注目すべきである。すなわち、王弟クラレンスからの

没収所領の場合は、出納官が財務府ではなく国王の会計監査官に会計報告を行うように義務付けられた所領とは違い、いくぶん慣例を踏まえた管理方法、つまりある程度妥協した管理システムを採っていることがわかる。

エドワード四世がこのとき財務府に命じた命令は六項目あるが、それらのうち三項目をまず挙げよう。

① エドワード四世治世第十九年の大天使聖ミカエルの祝日より次の同大天使の祝日までの期間に、前述の各所領からあがった収益や利益について、財務府において出納官ジョン・ヘイズを相手として会計検査を行うこと。

② 同会計検査に際して、もっぱら出納官ジョン・ヘイズがみずからの宣誓によってその場にて引き受けるであろう金額以外に他の金額を同ジョン・ヘイズに納入するように義務付けないこと。

③ 出納官ジョン・ヘイズが財務府にて宣誓によって引き受けた金額以外のすべての金額については、同ジョン・ヘイズを無罪とし、免責すること。

命令①から想像できることは、出納官ジョン・ヘイズは常に、つまり毎年、財務府だけに会計報告を行うように国王から義務付けられたのではなく、国王により許された一定の期間に限って財務府に会計報告を行うように義務付けられていたのではなかったかということである。また命令②および③から、国王が財務府の統制からはずした種々の金額を、同出納官を通じて直接チェムバー内の王自身の金庫に納めさせようと意図していることが明白である。財務府への命令のうち、あとの三項目でエドワード四世は明確にそのことを言明している。

④　出納官ジョン・ヘイズが、前記諸財産について財務府で会計報告を履行する際に、当該前記諸財産に関する収益や利益のうち、七〇七ポンド八シリングについては、同ジョン・ヘイズを免責し、無罪とすること。

⑤　当該前記諸財産の収益や利益のうち、七〇七ポンド八シリングが財務府に納入されていないという理由により、同ジョン・ヘイズを相手取って、訴訟手続き、コモン・ロー上の訴訟、強制執行、衡平法上の訴訟および請求

を一切やめること。

⑥ 以上のことが制定法、法令、勅令、協約ないし制限その他に反するものであるとしても、前記諸財産に関する詳細な陳述はこの令状の中では行わないこと。

また、この令状は、財務府に対する一種の会計報告の形をとっているという点で重要である。[(38)] つまり、エドワード四世は、この七〇七ポンド八シリングの内訳を財務府に次のように報告している。

一、様々なときに国王のチェムバーにおける国王自身の金庫への納入額

二、国王の口頭命令による学者トマス・カットフォールドへの支払い額

——合計四〇シリング

三、ランプ二個と蝋引き燈心の購入代としてソールズベリーの聖オズマンド寺およびエクセターのレイシー司教の墓の管理人たちへの支払い額

——合計六ポンド一一シリング四ペンス

四、出納官ジョン・ヘイズが金銭徴収に要した諸費用
——合計二五ポンド一〇シリング

五、出納官ジョン・ヘイズへの給与
——合計二〇ポンド

——以上総計七〇七ポンド八シリング

したがって、少なくともこの七〇七ポンド八シリングについては、出納官ジョン・ヘイズが種々様々なときに、国王の直接命令に従って国王のチェムバーに納入したり、あるいはまた国王の口頭命令に従って各方面に支払いを行ったのであって、出納官ジョン・ヘイズは、財務府とは関係なく、おそらく国王のチェムバー内の一定の役人たちの前でその会計報告を履行したものと考えられる。

なお、エドワード四世治世の終わりまでに、これらの「ウォリック、ソールズベリーおよびスペンサー諸所領」は、少なくとも、一年につき三、五〇〇ポンド

の純収入を王にもたらした(39)。

しかし、回収所領、復帰所領および没収所領の全部が、以上見てきたような熟練された会計監査官および出納官たちの管理下に置かれた訳では必ずしもなかった。エドワード四世は、まとまった金額を得るために、回収所領、復帰所領および没収所領の一部を一般の人々に請け負わせるべく賃貸した。もちろん、これらの賃貸の手筈は、もはや財務府を通じて行われることはめったになく、収益は通例チェムバーにおける国王自身の金庫へ直接納入されたのである。会計監査官および出納官たちは、大所領が財務府の管理する請負地に加えられるのを防ぐという明確な目的のもとに(40)、国王の掌中に入ったすべての大所領に対して任命されたのであった。このことは、過去において長い間王室領であったが、その後なんらかの理由で王室の手から離れた所領――たとえばボウファアト Beaufort およびリッチモンド Richmond 諸所領――にすらもあてはめられたのである。

まとめ

エドワード四世が、新たな王（室）領管理機構を始めたのは、マーチ伯領をはじめとするウェールズの十州およびその辺境地方の所領においてであった。それは、王の即位初年の一四六一年のことである。その具体的な対象所領と、徴収方法および徴収額については、本文掲載の史料「ジョン・マイルウォーターの会計録」によって明らかとなった。その会計年度は、エドワード四世治世初年の聖ミカエル祭から同第三年のミカエル祭までの二年分（１４６１―１４６３）であり、この二年分について、エドワード四世は、ジョン・マイルウォーターを出納長に任じて徴収させたのであった。

出納官マイルウォーターやマーチ伯領尚書への給与は、徴収された地代の中から差し引かれた。また、国王による各方面からの物資購入代を、国王の支払命令書に基づいて、同じく、徴収された地代の中から各方面に支払われた。その上で、以上の金額を差し引いた残りの金額が現金でエドワード四世の金庫に納められたのである。国王の金庫とは、王宮内のチェムバー（王室財務部）だった。したがって、国王は直接的に種々の資金を、あたかも自分の財布からお金を支払うかのごとく、即座に支出できたのである。

この国王による物資購入について、会計録の中で目を引くのは、王室府の用途として、「肉牛八十頭分の代価」をハーバート卿に支払ったという記述であろう。生きた史料として生活感が伝わってきて、実に面白い。

徴収方法における重要な変更点は、従来のように、財務府の割符や令状によってではなく、御璽局からの書状によって国王が直接指図している点である。

王室領回収は、その内容が、回収所領・復帰所領・没収所領の三種類に分かれていた。

回収所領の対象となったのは、贈与として他者に与えられていた所領であった。

エドワード四世は、当初は口頭により、後日正式に開封勅許状により、回収所領の告発官兼出納官を任命し、彼らに回収所領の管理を行わせた。そして、そのことを財務府にあとになって告知している。

ここでの注意点は、エドワード四世が、最初の一回だけ自らの役人である告発官兼出納官にその会計報告を財務府に対して行わせ、それ以降は、やめさせたという点であろう。

註

（1）これらの所領の具体的な内訳・名称等については、本文掲載史料「ジョン・マイルウォーターの会計録」参照。

（2）E.F.Jacob, *The Fifteenth Century 1399–1485,* Oxford U. P., 1976(First Published 1961). p.603.

(3) Ministers. and Receivers. Accounts, Public Record Office, Special Collections, S. C. 6／1305／15, quoted in B. P. Wolffe, *The Crown Lands 1461 to 1536: An Aspect of Yorkist and Early Tudor Government*（以下 *The Crown Lands* と略記）, George Allen and Unwin Ltd, London: Barnes and Noble Inc, New York, 1970. pp. 97–101. 訳文中の（　）内は訳者（工藤）による補足である。

(4) *The Crown Lands*, p. 55.

(5) J. Gairdner (ed.), *The Paston Letters, 1422–1509*, 6vols., Edinburgh, 1910. Vol. 11, pp. 33-35(No. 407), quoted in *The Crown Lands*, p. 56. 傍点は筆者（工藤）による。

(6) P. R. O., Special Collections, Ministers Accounts, S. C. 6／1236／9, S. C. 6／1305／15, S. C. 6／1236／11, in chronological order. Brecknock. Hay. Huntingdon (Herefs.) および Newport (Mon.) の1部分

は王妃エリザベスに与えられた所領だった（*Calendar of Patent Rolls, 1461-1467,* p. 464.）。B. P. Wolffe, *The Management of English Royal Estates under the Yorkist Kings.*（以下 *The Management* と略記）, The English Historical Review, Vol. LXXI (1956). p. 5.

（7）ウルフは、「出納官兼調査管理官」(Receiver and Surveyor）と記しているが（*The Crown Lands,* p. 58; *The Management,* p. 6)、一四七二年十一月十四日付の本文掲載史料の令状には「告発官となりかつ余の出納官」とあることから、調査管理官と告発官は名称こそ違うが、仕事内容はほぼ同じものだったと考えられる。

（8）会計監査官トマス・エイキーは、リチャード・クロフトの会計検査だけでなくほかに国王の下級臣下（Subordinate Ministers）たちの会計検査も一緒に行った。

（9）P. R. O., Exchequer, K. R., Memoranda Rolls, *'brevia directa baro-*

nibus., E. 159 / 250, Michaelmas, 13 Edw. IV, m. 4, quoted in *The Crown Lands*, pp. 108–110.　訳文中の〔　〕内は、ウルフによる補足と思われる。（　）内は訳者（工藤）による補足である。

（10）一四八二年に国王の全所領から支払われた給与および賃金の完全なリストが残っており、これにはランカスター公領、それにソールズベリー、ウォリックおよびスペンサー諸所領、およびデヴォンシャー、リヴァース Rivers およびウィルトシャー諸所領と称された所領の各リストもついているようであるが（*The Management*, p. 19）、筆者は未見である。

（11）一四七四年五月十七日にベリオール・カレッジ Balliol College の一教師（Master）と学者たちが起こした国王に対する嘆願から、リチャード・クロフトのやり方が推断されうる。彼らは次のように不平を訴えている。同出納官は、一三三九年以来一シリング三ペンスの地代を支払ってきたスティープル・アストン Steeple Aston にある一二エーカーの牧草地に対して、四シリングの地代請求にとりかかっていると。さらに同出納官は、より高い地代を得るために、ウッドストックの領民たちの牧草地内に干してある彼らの干し草に対しても、自救的動産差し押え（Distress）を課していた。しかしながらこの場合は、国王は古い税率で支払い続けるという領民の嘆願を認めたのであった。というのは牧草地の利益が、寄進で生活している或る一人の聖職者の維持費に充てられたからであった（P. R. O., Exchequer, Treasury of Receipt, Council and Privy Seal, E. 28 / 91 / 13 (writ to the auditor), quoted in *The Management*, p. 7)。

（12） E. F. Jacob, *op. cit.*, p. 603.　ダラム司教区になされた新施策のための手筈は、*Calendar of Patent Rolls, 1461-1467*, p. 215 にあり、日付は一四六二年十二月二十八日付である。エドワード四世は、一四六四年四月十七日に、司教ローレンス・ブース Lawrence Booth にこの不動産収入を返還した（*Ibid.*, p. 347)。*The Management*, p. 6; *The Crown Lands*, p. 57.

（13）朝治敬三「十三世紀ダラムの巡回裁判」（『史林』第六十二巻、第二号、一九七九年）、一一三頁。

（14）E. F. Jacob, *op. cit.*, Map 5.

（15）たまたまこれらのタルボット所領は、相続人が二人とも続いて未成年であったため、エドワード四世は治世の大部分の間それらの収益を獲得している。

（16）リチャード・クロフトは、エドワード四世治世第十三年十月一日付の開封勅許状によって任命されたタルボット所領の会計監査官リチャード・グリーンウェイの前で会計報告を行うように命じられたようである。この会計報告によって出納官リチャード・クロフト（身分は騎士であった）は財務府から訴訟を起こされたため、エドワード四世は財務府に出納官リチャード・クロフトに関する令状を送って事情を説明し、同出納官を免責するように財務府に命じている。なお、リチャード・クロフトが国王によって出納官に任ぜられた後見下のタルボット所領は、ヘレフォードシャーおよびシュロップシャーにおけるグッドリッチ Goodrich、アーヘンフィールド Irchenfield、コーファム Corfham、ブラックメア Blackmere およびその他のすべての土地の領主権だった（P. R. O., Exchequer, K. R., Memoranda Rolls, '*brevia directa baronibus*', Easter, 17 Edw. IV, m. 2, quoted in *The Crown Lands*, p. 112）。

（17）P. R. O., Exchequer, K. R., Memoranda Rolls, '*brevia directa baronibus*', E. 159 / 254, Easter, 17 Edw. IV, m. 1, quoted in *The Crown Lands*, p. 111.　訳文中の〔　〕内はウルフによる補足と思われる。（　）内は訳者（工藤）による補足である。

（18）故シュールズベリー伯ジョンは、エドワード四世のいとこにあたる。

（19）令状からもわかるように、このときのトマス・ステイドルフの給与は、旧管理機構下の出納官職の慣例的な額であった。したがって、このような役人の給与の面においても、エドワード四世は特別な配慮はしていない。

（20）後見下にあったタルボット所領は単にこれらの所領だけではなかった。そのことは、本文掲載の史料「ジョン・スイフトについて」や註（16）によっても明らかである。

（21）J. R. Lander, *Politics and Power in England, 1450–1509*, Edward Arnold, 1976. p. 41.

（22）P. R. O., Exchequer, K. R., Memoranda Rolls, *'brevia directa baronibus*, E. 159 / 258, Hilary, 21 Edw. IV, m. 1d., quoted in *The Crown Lands*, pp. 115–116.

（23）J. R. Lander, *Crown and Nobility 1450–1509*, Edward Arnold, London, 1976. p. 199.

（24）*Calendar of Patent Rolls, 1461–1467*, pp. 40, 91; *Ibid., 1467–1477*, pp. 397, 411, 442, quoted in *The Management*, p. 6.

（25）*Calendar of Patent Rolls, 1461-1467*, pp. 18, 26, 129, quoted in *The Management*, p. 6; *The Crown Lands*, p. 57.

（26）Cf. J. G. Bellamy, *The Law of Treason in England in the Later Middle Ages*, (Cambridge Studies in English Legal History), Cambridge U. P., 1970.

（27）このタイトルはおそらくウルフによって書き加えられたものであり、原史料にはなかったものと思われる。Cf. *The Crown Lands*, p. 103.

（28）Council and Privy Seal Records, Public Record Office, Exchequer, Treasury of Receipt, E. 28 / 91 /5, quoted in *The Crown Lands*, pp. 103–104.

（29）*The Crown Lands*, p. 104, note 1.

（30）*Ibid.*

（31）*Ibid.*, p. 57.

（32）J. G. Bellamy, *op. cit.*, pp. 123, 147, 170–171.　クラレンス公の反逆者たらんとするあらゆる野望を最終的に絶たせるバーネット Barnet およびテュークスベリー Tewkesbury の決戦での勝利のあと、エドワード四世は、数年間、この野心があって危険すぎる不実な弟と和解にこぎつけようと精一杯試みたが成功しなかった。そこでクラレンスは一四七八年反逆者として捕らえられ処刑された。

（33）ただし、ノッティンガムシャーおよびダービーシャーにおける多くの王室領は、一四七五年（ウルフは、「一四七四年」と記しているが、一四七五年の誤記ではないかと思われる）までに、すでにクラレンス公から取り戻されており、或る特別出納官にそれらの管理が委ねられ、この特別出納官はその最終会計報告を、財務府においてではなく、国王の或る特別会計監査官の前で履行することになっていた（*Calendar of Patent Rolls, 1467–1477*, pp. 441, 482, quoted in *The Management*, p. 7)。一四七七年からは、これらの回収された王室領の出納官にジャーヴァス・クリフトン Gervase Clifton が就任した。彼は、ノッティンガム Nottingham 城において、国王によって選任された一定の人々の前で会計報告を履行するように義務付けられていた（*Calendar of Patent Rolls, 1476–1485*, p. 19, quoted in *The Management*, p. 7）。

（34）*The Management*, p. 7.

（35）*The Crown Lands*, p. 58.

（36）*The Management*, p. 15, note 2.

（37）P. R. O., Exchequer, K. R., Memoranda Rolls, '*brevia directa baronibus*.' E. 159 / 257, Hilary, 20 Edw. IV, m. 3d., quoted in *The Crown Lands*, pp. 113–114. 訳文中の（　）内は訳者（工藤）による補足である。

（38）このような一種の会計報告を兼ねた令状、つまり「禁止令状」は、ほかにもあった。

（39）E. F. Jacob, *op. cit.*, p.604.

（40）*Ibid.*

第４章　官僚制の先駆け

第１節　所領の賦与、贈与および売却

エドワード四世の管理下に編入された回収所領・復帰所領・没収所領の全部が、熟練された会計監査官や出納官の管理下に置かれるように取り扱われた訳ではなかった。「王室領回収法」および「一四六一―六三年のジョン・マイルウォーターの会計録」の箇所で僅かに言及したように、エドワード四世は、王家の一族を経済的に保護すべき諸義務を有していたのであり、実質的な所領を親密な姻戚関係者全員に賦与するという伝統的な政策を遂行した。(1) この点で、この後のリチャード三世やヘンリ七世とは異なっている。(2) したがって王家の一族に賦与した分だけ王自身の所領が減少することになり、その分だけ王の収益が減少したと考えられがちであるが、前述の、王妃に与えられた所領の場合に見られるように、(3) 実際には必ずしもそうではなかったようである。

さらに、エドワード四世による、寵臣たちへの所領の贈与については、ウルフは、次のように説明している。「エドワード四世はまた、支持者たちへの梃（てこ）入れをするために、ある程度の所領を徹底的に贈与することが、政治的および軍事的に不可欠なことと考えていた」[4] (He also had political and military needs which required the outright gift of some estates to key supporters.) と。これは、王権を制限する敵対的な大貴族たちを弱体化させるために、必要不可欠な政策であったろう。

エドワード四世が、一時的に所有していたかなりの土地は、王の掌中に置かれている期間中に、王によって条件付きで売却――完全な売却ではない――された。売却の条件は、王のチェムバーにおいて、王に一括払いで購入代金を支払うことと、王自身による査定価格で土地の価格が決定されることであった。[5] 一四七七年五月十八日、ロンドン市において、国王の玉璽を捺印して作成され、財務府に送り届けられたハワード卿Howardに関する次の令状は、このような一時的な売却に関するエドワード四世のやり方の一例を具体的に示していると言える。

1　ハワード卿について

神の恩寵により、イングランドならびにフランスの国王でありアイルランドの領主であるエドワードは、余の財務府の長官ならびに顧問官たちに挨拶する。そこで、余の当該財務府では一層明白となっていることのようではあるが、騎士ジョン・ハワード John Howard とその妻マーガレット Margaret に、余の用途として、フーHoo におけるヘレフォード Hereford 荘園、イースト・デレハム East Dereham におけるホールドオール＝セリケス Haldall=Serikkes 荘園、リトル・フランシャム Little Fransham におけるカークハム Kirkeham 荘園およびウィルコークス Wilkokes 荘園、ダーシンガム Dersingham におけるブローホール Brokhall 荘園からのとノーフォーク州におけるグレート・フランシャム Great Fransham 荘園の第三地域とその従物——これらを、いまは亡きエスクワイアのウォルター・ジョージ Walter George とその妻メアリ Mary が、封土（Fee）

同然のものとして彼らの直営地（Demesne）内に占有していた――からの収益について、ジョン・ハワードに義務付けられた二〇〇ポンドが請求されている。それは、余の治世第六年二月五日、余に対して支払われた同ジョン・ハワードによる二〇〇ポンドの代わりとして、余が、当該ウォルター・ジョージならびにメアリに属していたすべての荘園、土地ならびに保有財産、地代等々を、その従物と共に、保有することを、同ジョン・ハワードとその妻マーガレットに是認して、当該ウォルター・ジョージが死亡した時点から当該ウォルター・ジョージならびにメアリの相続人が成年に達するまで、または偶然これらが余の掌中に置かれたままになっている限り有するようにしたものである。余は次のことを確かに承知している。すなわち、当該二〇〇ポンドとこの二〇〇ポンドという金額中のあらゆる部分に関して、当該ジョン・ハワードに対する余からの特別の恩恵、つまり一定の専門的知識と単なる命令申請、恩赦（Pardon）、回送（Remit）および釈放（Release）の点において、しかしてそれゆえに余がジョン・ハワードに対してなすなりなし得るなりするすべての**コモン・ロー**上の訴訟（Actions）、強制執行、衡平法上の訴訟（Suits）および請求の点において、当該二〇〇ポンドは、余のチェムバーにおいて、余の掌中に支払われ、かつ渡されたのであるということを。しかしてそれゆえに、なんじらに以下のことを望み、かつ命じる。すなわち、なんじらは、当該二〇〇ポンドとこの二〇〇ポンドという金額中のあらゆる部分に関して、当該ジョン・ハワードを、永久に余に対して、まったく無罪とし、かつ免責し、当該二〇〇ポンドあるいはそのいずれの部分についてであろうとも、ジョン・ハワードを相手取って余のために行ったり、あるいは行うべき一切の訴訟手続き、尋問（Examinations）、衡平法上の訴訟および請求を永久にやめること。なんらかの制定法、法令、勅令、協約、制限、あるいはたとえ他のどのような事柄であろうとも、これらがなんじらをして反せしめるとしても、当該授与に関するか、またはほかに前記諸財産のいずれかに関する確信のある明確な陳述は、本状ではまったくなされるなり行われるなりすべきではないこと。余の治世第十七年〔一四七七年〕五月十八日、余のロンドン市にて、余の玉璽を捺印して作成。[6]

エドワード四世は、その治世第六年二月五日、王の寵臣で騎士のジョン・ハワード[7]とその妻のマーガレットに、フーにおけるヘレフォード荘園、イースト・デレハムにおけるホールドオール＝セリケス荘園、リトル・フランシャムにおけるカークハム荘園およびウィルコークス荘園、ダーシンガムにおけるブローホール荘園、およびノーフォーク州におけるグレート・フランシャム荘園の第三地域とその従物を、二〇〇ポンドで売却したことが書かれている。これらの荘園は、以前は、エスクワイアの故ウォルター・ジョージとその妻のメアリがちょうど国王から授封された封土同然のものとして、彼らの直営地の内部に占有（seized）していた土地であった。つまり国王の後見下に入った土地を、国王がその後見期間中に限定して、一時的に売却したのである。この場合の売却の条件、すなわち、

①同ウォルター・ジョージの死亡時から同ウォルター・ジョージの相続人が成年に達するまで、あるいは、②偶然これらの荘園が国王の掌中に置かれたままになっている期間に限り、ジョン・ハワードに与えるということからもそのことが分かるであろう。したがって、この場合、売却と言っても一時的にまとまった利益を得るための売却であって、その土地を完全かつ永久に売却したものではなかった。

慣例からすれば、土地の売却代は、財務府に納入されなければならなかったようであるが、この場合、チェムバーにおいて国王自身の掌中に支払われている。それゆえ財務府は、これらの荘園を売却した代金二〇〇ポンド――この二〇〇ポンドをこれらの荘園からの収益と令状に記しているが、明らかにこれらの荘園を売却した代金である――をだいぶ後になってから同ジョン・ハワードに請求したために、トラブルが発生し、それを解決するために、エドワード四世は、上記の令状を財務府に送り、次のことを命じたのである。

㈠　当該二〇〇ポンドに関して、同ジョン・ハワードを、永久に無罪とし、免責すること。

㈡　当該二〇〇ポンドに関して、同ジョン・ハワードを相手取って、訴訟手続き、尋問、衡平法上の訴訟および代金請求を永久にやめること。

㈢　以上のことがなんらかの制定法、法令、勅令、協約、制限その他に反するものであるとしても、当該授与（正確には「一時的な売却」）ないしこれらの荘園に関する詳細な陳述は、この令状の中では行わないこと。

いま一つの例を挙げよう。これは一四八〇年六月二十四日に国王のグリニッジ荘園で作成された財務府宛ての令状である。これは修道院の土地、つまり不動産収入（Temporalities）に関する売却を扱っている。

2　チャートシーChertsey の大修道院長と修道会（Convent）について

神の恩寵により、イングランドならびフランスの国王でありアイルランドの領主であるエドワードは、余の財務府の長官ならびに顧問官たちに挨拶する。そこで、チャートシーの小修道院長（Prior）と修道会に、余の用途として、余の当該財務府で、余の治世第十九年十月二日よりこれに続く十二月五日まで、チャートシーの前大修道院長で神学士（Bachelor of Divinity）のジョン・マエ John Maye が死亡したことによって空位となっている同大修道院の不動産収入を保有することに対し、五〇マークが請求されている。その五日に余は、同大修道院の現院長トマス・・ピゴット Thomas Pigot へ、当該大修道院の不動産収入を返還している。余は、次のことを確かに承知している。すなわち、当該大修道院の小修道院長は、当該五〇マークを余のチェムバーにおいて余自身に支払いかつ手渡したのであり、当該現大修道院長に対する、また同所の小修道院長および修道会に対する余からの特別の恩恵、つまり一定の専門的知識と単なる命令申請、恩赦、回送および釈放の点からして、（しかしてそれゆえに）当該五〇マークあるいはそのいずれの部分についてであろうとも、余が彼らからあるいは彼らのうちのなにびとに対してなすなりなしうるなりする一切のコモン・ロー上の訴訟、強制執行、衡平法上の訴訟および請求の点からして、当該現人修道院長も当所の小修道院長あるいは修道会もこれらのうちのいずれの者であろうとも、当該五〇マークについて心を悩まさせられるなり痛めさせるなりするのを快しとはしないということを。しかしてそれゆえになんじらに以下のことを望み、かつ命じる。すなわちなんじらは、当該五〇マークあるいはそのいずれかの部分についてであろうとも、彼らかあるいは彼らのうちのいずれの者かを相手取って、余のために行ったりあるいは行うべき一切の訴訟手続き、コモン・ロー上の訴訟、衡平法上の訴訟および請求を永久にやめること。しかしてなんじらは、当該五〇マークとこの五〇マークという金額中のいずれの部分であろうとも、この金額にかかわる彼らおよび彼らのことごとくを、永久に余に対して、まったく無罪とし、かつ免責すること。何かこれまでなされるなり行われるなりしたどのような制定法、法令、勅令、協約ないし制限であろうとも、あるいはたとえ他のどのような事柄であろうとも、これらがなんじらをして反せしめるとしても、前記諸財産に関する確信のある明確な陳述は、本状ではなされるなり行われるなりすべきではないこと。余の治世第二十年〔一四八〇年〕六月二十四日、余のグリニッジ荘園にて、余の玉璽を捺印して作成。(8)

エドワード四世は、チャートシー大修道院(9)の前院長で神学士のジョン・マエが死亡したことにより、空位となっていた同大修道院の小修道院長と同修道会（ベネディクト派）に一時的に、同大修道院の不動産収入を売却している。空位となっている修道院、つまり空位となっている高位聖職者職（Prelacies）の国王による売却は依然として「マグナ・カルタ」により禁じられていたため(10)、国王自身が決定した金額で一時的に手放す、つまり売却する以外に許されなかったのである(11)。そのためエドワード四世は、永久には売却せず、その治世第十九年十月二日より同十二月五日までの大修道院長の席が空位となっている期間に限定して、小修道院長とその修道会に五〇マークで売却したのであった。トマス・ピゴットが同大修道院の院長に就任するに及んで、同十二月五日、国王はトマス・ピゴットへ当該不動産収入を返還したが、財務府はその空位期間中、すなわち王領期間中の保有代(売却代)を大修道院長とその修道会に請求したため、すでに国王のチェムバーにおいて直接国王に五〇マークを支払っていた同小修道院長ひては大修道院長およびその修道会と財務府との間にトラブルが発生したのであった。エドワード四世は、このトラブルを解決するために、令状の中で財務府に事情を説明し、さらに次のことを命じている。

㈠　当該五〇マークについて、現大修道院長、小修道院長および修道会を相手取って、一切の訴訟手続き、コモン・ロー上の訴訟、強制執行、衡平法上の訴訟および代金請求を永久にやめること。

㈡　当該五〇マークにかかわりがある彼ら全員を、永久に無罪とし、免責すること。

㈢　制定法、法令、勅令、協約、制限、またはこれら以外のどのような事柄であっても、以上のことと相容れないとしても、その理由について、本状では触れないこと。

王家の一族への所領賦与では、伝統的な慣例を守りつつ、実際にはその収益の大半を自己の指図通りに処置し、さらに王弟クラレンス公の場合はその所領を没収し、支持者たちには所領の贈与が政治・軍事的に必要なことと考え、所領の売却にしても後見下に置かれている土地などなんらかの理由で一時的に王（室）領となっていた土地に限って、それも封建法に触れない範囲内でのまとまった利益その他を狙いとした条件つきの一時的売却など、エドワード四世の王（室）領経営は、誠に巧妙なものであったと言える。なお、筆者の知る限り、王（室）領を完全かつ永久に売却した事例はなかったようである[12]。

以上のようなエドワード四世による王（室）領経営も、所領の管理を財務府の統制からはずし、それに代わって王直属のチェムバーが直接所領管理を担当するという新たな管理システムの枠の中で行われたのである。

要するに、次のことが言える。「出納官および特別会計監査官たちによる管理が行われるように手はずされた土地について、その目的は、①請求により、廷臣たちやあるいは廷臣たちの友人および仲間たちへ土地が四散するのを避けること、②これらの土地を財務府の請負地に加えるのを防ぐこと、③国王がどこかよそへ一定額の支払いをするように出納官に権限を与えていない限りは、これらの土地からの歳入が王直属のチェムバーにおける王の金庫に直接納入されるのを確実にすることだった」[13]。

第2節　主な地方役人・出納官とチェムバーならびに財務府との関係

1　ピーター・ボーピーPeter Beaupie

ピーター・ボーピーは、エドワード四世の家政局（Greencloth）の会計検査書記官（Clerk Controller）で、以前はマーチ伯領の役人（Servant）だった。彼は、ヨーク公リチャードの受託者（Trustees）たちの出納官、ウースターシャーのフェッケナムFeckenhamにおける王妃エリザベスの出納官、および前述のクラレンス公に対する私権剥奪に伴って、一四七八年春に、エドワード四世の管理下に置かれることとなったウォリック、ソールズベリーおよびスペンサー諸所領の出納官（一四七八年）にも任ぜられている。[14]とくにこのウォリック、ソールズベリーおよびスペンサー諸所領は、エドワード四世治世末期における「最大の単一獲得物」（The greatest single accession）として知られ、治世の終りまでには少なくとも一年につき正味現金収入三、五〇〇ポンドをもたらしたという。[15]初めエドワード四世は、ウォリックにてこれらの諸所領経営の監督をするようにピーター・ボーピーを中央から派遣したのであった。[16]

ピーター・ボーピーは、会計監査官ジョン・ホークJohn Hewykや下級役人たちとともに、プリンス・オヴ・ウェールズ（皇太子）のチェムバー財務長官兼式武官

(Treasurer of the Chamber and Chamberlain) サー・トマス・ヴォーン Sir Thomas Vaughan によって率いられた委員会 (Commission) による調査に、関連したすべての会計録を提示するように義務付けられていた。この委員会は、サー・トマス・ヴォーンのほかに、イングランド財務長官室長 (Under-Treasure of England) サー・ジョン・セイ Sir John Say、王室府出納長 (Treasurer of the Household) サー・ジョン・エルリントン Sir John Elrington、王室府財務管理官 (Controller of the Household) サー・ロバート・ウィングフィールド Sir Robert Wingfield、およびコヴェントリーCoventry の記録官でクラレンス公から以前任用されたことのあるヘンリ・ボトラーHenry Boteler といった人々から構成されていた。[(17)]「彼ら(委員会)は、国王に報告し、また彼らのガイダンスによって、土地は、全員がチェムバーにおける国王に対して直接責任を負うたくさんの出納官たちに委ねられたのである」[(18)] (They reported to the king and under their guidance the lands were entrusted to a number of receivers, all directly responsible to the king in his chamber.）。この点は注意されるべき重要な点であろう。なぜなら、このような形で会計監査官たちは、エドワード四世の中央支配に直接服していたと考えられるからである。

2　ジョン・ヘイズ John Hayes

ジョン・ヘイズは、前述したように[19]、デヴォン、コーンウォール、サマセット、ドーセット、ウィルトシャーおよびサウサンプトン諸州に散らばっていたクラレンス公からの没収所領の出納官に任ぜられており、おそらくこのような地方役人たちの中では最も重要な人物だったと思われる[20]。ジョン・ヘイズは、出納官として、国王から任ぜられたのではあったが、実際は調査管理官(Surveyor)の任務も兼ねていたようである。そのことは、国璽(Great Seal)を捺印した彼の任命書に、「同諸荘園を調査し管理し、そこにて領主である国王の金銭を徴収するために[21]、およびそこにて領主である国王のその他の業務を処理するためにも、……騎行すること」(Riding……both to survey and guide the same manors and to levy the lord king's money there and to conduct other business of the lord king there.)とあるところからも明らかである。

ジョン・ヘイズは、「イングランド西部における国王の出納官の一人」(One of the king's receivers in the West parts of England)として一般に知られており、金銭を徴収する仕事に対して、一年につき二〇ポンド、その他の諸義務に対して一年につき二四ポンド支給された。[22]まさにサラリーで暮らす「官僚」と言える。

3 ジョン・ラジントン John Lathington

ジョン・ラジントン[23]は、一出納官として、ウォリックシャー、ウースターシャー、スタッフォードシャー、ノーサンプトンシャー、およびバッキンガムシャーにおける、以前クラレンス公保有の土地を管理した。また北ウェールズおよびチェスターにおける国王の会計監査官、リンカンシャーにおけるリッチモンド大修道院の会計監査官、およびグロースター公リチャード（のちのリチャード三世）

の会計監査官にも任ぜられている。[(24)]

４　ジョン・ハーコート John Harcourt

ジョン・ハーコートは、ヘレフォードシャー、グロスタシャー、ウースターシャー、ウィルトシャー、オックスフォードシャー、ウォリックシャー、およびバークシャーにおけるクラレンス公からの没収所領を管理した。すなわち、ジョン・ハーコートは、チェムバーの受付官（Usher）であると同時に、これらクラレンス公からの没収所領の出納官でもあった。

５　その他の地方役人

以上のほかに、クラレンス公からの没収所領に対して任命された出納官として、次の者たちがいた。

ウィリアム・クリフォード William Clifford――ミルトンおよびマーデン

Marden 所領。

リチャード・ウェルビーRichard Welby――リンカンシャーにおけるリッチモンド所領。この所領では、別にウイリアム・ヒューズ William Huse が調査管理官の職に任ぜられた。

トマス・トトス Thomas Tototh――イースト・ミッドランズにおける一定の荘園とリンカンシャーにおける若干の土地。

ジョン・ウォルシュ John Walsh――ブリストルのそばのバートン Barton 荘園および郡とそこのグロスターGloucester 大修道院の大裁判所の出納官兼調査管理官。

これらの出納官たちは、全員が国王に対して直接責任を負っていたのである。[25] いろいろな地域調査官の仕事や幾度かの新たな任命がときどき行われた。エドワード四世治世の終わりまでに二人の新たな出納官、すなわちロジャー・フィッツハーバート Roger Fitzherbert とトマス・フリーボディ Thomas Freebody が任命されている。[26]

以上の出納官たちは、単なる地代徴収官として働いたのではなく、各自が国王によって最高のイニシアチブと信頼のある地位に就けられていたという点で、重要である。出納官の義務は、「国王の利益を最大にするあらゆることのために、騎行し、調査し、受領し、かつ記憶するようにし、そしてそのことについて（国王に）毎年報告を行うこと」[27]（'To ride, survey, receive and remember on every behalf that might be most for the king's profit and thereof yearly to make report'.）であった。さらに具体的に言うと、出納官は、その管理下の土地を一定期間に必ず「巡回」（'circuit'）し、規則正しく義務を履行するようにされていたのであり、この点、特別会計監査官も同じであった。担当所領の経営状態に関する国王への報告は、原則として、毎年一回行われたようである。[28]報告がいつどのようにして行われたかというと、出納官が、国王自身かあるいはチェムバーの役人たちかに会計報告、つまり担当所領の収支決算報告を行って現金差引残額を手渡す際に、国王もしくは報告を専門に受ける役人に対して行われたようである。ただし、他地域にて国王の会計監査官に会計報告を行い、現金差引額をすでに手渡していた場合は、ただ単に報告だけを行ったものと考えられる。もちろん、出納官および調査管理官たちによるこれらの報告は、すべて口頭によるものであった。

出納官および調査管理官たちは、全員がこのようにチェムバーに出頭し、報告を済ませたが、しかしこれらの出納官たちの中でもクラレンス公からの没収所領に充てられた出納官たちだけは、特別な手続き方法をとらなければならなかった。すなわち、クラレンス公からの没収所領に充てられた出納官たちの場合は、チェムバーから種々の領収書（Acquittances）および指図を携えて、財務府の顧問官たちのところへ出頭し、財務府で会計申告をして会計録を作成してもらったのである。換言すると、チェムバーでの彼らの会計報告は、非常に詳細に検査され、所領の経営に関する詳しい報告を要求されたが、そのあとの財務府への出頭は、最終会計録を作成してもらうための単なる形式的な会計申告＝書類の提出にすぎなかったということである。その際、財務府顧問官たちは、この国王に直属する出納官たちに尋問することもできなかったし、現金差引残額を請求することもできなかった。ただし、クラレンス公からの没収所領に任ぜられた出納官のうち、前述のジョン・ハーコートとリチャード・ウェルビーの場合は、例外で、「外来」会計監査官（'Foreign' Auditor）たちが一冊にまとめた最終会計録を作成するように義務付けられている。[29] クラレンス公からの没収所領以外の所領の場合でも、一単位の所領に各々一名ずつ出納官と会計監査官が国王によって任命された訳では必ずしもなく、むしろ出納官一名だけの場合が多く、したがって一人の会計監査官が何人もの出納官たちの会計検査を担当しなければならないのが普通だったようである。

言うまでもなく、「外来」会計監査官たちは、国王のチェムバーの統制下にあったが、すべての「外来」会計監査官たちは、出納官たちの会計報告を基礎として作成した会計録を、のちに当然の順序を追って財務府に提出するように義務付けられてもいた。[30] 所領経営における財務府の直接的介入を牽制しながら、あくまでも最終会計録を財務府に提出しなければならなかった理由は、一体どこにあったのかというと、ウルフは次のように説明している。「財務府は、チェムバーが関係を持たなかった下級の臣下たちの会計録の真偽を確かめることができるようにするために、全部の出納官の会計録をひとまとめにした記録を有すべきことが必要であった[31]」(It was necessary that the exchequer should have a record of all receivers' accounts in order to check the accounts of subordinate ministers with whom the chamber was not concerned.)と。

ヨーク政権下で、とくにリチャード三世治世を通じて、行政官(Administrators)すなわち会計監査官、出納官、調査管理官および告発官その他は、最終的には王室領全域に隈なく配置されたようである。[32] コーンウォール、ランカスター公領、ヨーク公領、マーチ伯領、リッチモンド大荘園およびその他の王室領の間で、王家の一族に登用された種々の役人たちは、顕著に重なり合い、複雑に入り混じっていた。さらにこれらの者たちは、一様に中央ないし地方の官職に十分慣れた者たちであった。そして国王の行政官＝官僚のほかに、王家の一族によって登用されたいろいろな役人たちがいたとはいえ、彼らの真の忠誠は先頭に立つ国王に直接向けられていたことはほとんど疑問の余地がない。[33]

註

（１）*The Crown Lands*, p. 58.

（２）つまり、リチャード三世やヘンリ七世は、エドワード四世のように、王家の一族全員に所領を賦与して経済的に保護するという伝統的な政策は採らなかったようである。

（3）本書、第3章128—129頁参照。

（4）*The Crown Lands*, p. 58.

（5）*Ibid.*, pp. 58, 105.

（6）P. R. O., Exchequer, K. R., Memoranda Rolls, *'brevia directa baronibus*. E. 159 / 254, Michaelmas, 17 Edw. IV, m. 17, quoted in *The Crown Lands*, p. 112.

（7）騎士ジョン・ハワード John Howard は、ノーフォーク、サフォーク、エセックス、ケンブリッジシャーを基盤とする小土地所有者であったが、モゥブレイ Moowbray 卿の娘マーガレット——マーガレットはノーフォーク公の肩書を受け継ぐことになっていたマーシャル Marshal 伯トマスの妹でもあった——との結婚によって、一四七〇年にマーシャル伯の称号が与えられ、貴族に昇進する。いわゆるエドワード四世の寵臣の一人であり、一四六七年には庶民院議員に選出され、一四六八年から一四七四年までは王室府出納長として国王に奉仕した。また、同一四六八年からは国王の諮問会議の顧問官（Councillor）としても活躍している。彼は、エドワード四世治下で、とくに外交・貿易業務面を担当していたようである。そしてリチャード三世時代にはノーフォーク公となる（J.H. Ramsay, *op. cit.*, II, pp. 407, 413, 474, 481, 494）。

（8）P. R. O., Exchequer, K. R., Memoranda Rolls, *'brevia directa baronibus*. E. 159 / 257, Trinity, 20 Edw. IV, m. 5, quoted in *The Crown Lands*, pp. 112–113.

（9）チャートシー大修道院は、サリー州におけるベネディクト派男子修道院で、初代院長セント・エルケンヴァルトSt. Eekenwaidによって六六六年に創建されている。同大修道院は、一五三七年七月六日、修道院解散により、ヘンリ八世に明け渡され、院長と十四人（ほかに十三、十五、十六人という諸説がある）の修道士たちは、一五三七年十二月十八日、バークシャーのビシャム Bisham 大修道院に移ったが、このビシャム大修道院も一年後の一五三八年六月十九日、ヘンリ八世によって解散させられた。なお、この院長と修道士たちは、ヘンリ八世によってすでに解散させられていたアウグスティノ派のビシャム小修道院の建物に移って信仰生活を続けることとなる (David Knowles and R. Neville Hadcock, *Medieval Religious Houses: England and Wales*, St. Martin's Press, New York, 1972. pp. 52–53, 59, 62)。

（10）Cf. Magna Carta, XLVI. 田中秀央訳『マーグナ・カルタ』東京大学出版会、一九七三年、第四十六条参照。

（11）*The Crown Lands*, p. 105.

（12）ヘンリ五世は、祖母のジョーン・ド・ボーン Joan de Bohun からチャーク・アンド・チャークランズ Chirk and Chirklands なる領地を四、〇〇〇マークで購入した。対照的に、ヘンリ六世は、二十年後、枢機卿ボウフアト Beaufort にこの相当な所領を即金で売却した。そしてこの行為は、そののち王の首席裁判官（Lord Chief Justice）のサー・ジョン・フォーテスキューによって彼の著作『イングランド王国統治論』の中で非常な非難をあびせられたのである（*The Crown Lands*, p.32.）。しかしこれは、ランカスター朝の例にすぎず、しかもジョン・フォーテスキューは「いまだかってだれもその先例を知らなかった」(Neuer manne see a president) ことだと記している。Sir John Fortescue, *op. cit.*, p.134; *The Crown Lands*, p.91.

（13）*The Crown Lands*, p.58.　訳文中の番号①〜③は訳者（工藤）による。

（14）*The Management*, p.26, Appendix.

（15）*Ibid.*, p. 7; E.F. Jacob, *op. cit.*, p.604.

（16）P. R. O., Exchequer of Receipt, Issues Rolls, E. 403 / 848（23 October, 18 Edw. IV), quoted in *The Management*, pp.7–8. 国王およびそ

の諮問会議の運営費として、国王のチェムバーへ或る金額を納入しなければならなかったが、ピーター・ボーピーPeter Beaupie はウォリックから玉璽を捺印した書簡を持たせた使者を派遣し、ランカスター公領の出納官ニコラス・レヴェンソープNicholas Leventhorpe、リンカンシャーにおけるリッチモンド大荘園の土地の出納官リチャード・ウェルビーRichard Welby、およびタトベリーTutbury大修道院の出納官ジョン・アガードJohn Agard からそれぞれ金額を集めて、一括してリチャード・グレノードRichard Grenewode に支払っている。またクラレンス公からの没収所領を調査するための委任では、ピーター・ボーピーは八州において職務を執った（*The Management*, p. 8, note 1)。

（17）*Calendar of Patent Rolls, 1476–1485*, p. 64 (dated 14 February 1478), quoted in *The Management*, pp. 8, 23; E.F. Jacob, *op. cit.*, p. 604.

（18）*The Management*, p. 8.

（19）本書、第３章第２節の８の項を参照。

（20）ジョン・ヘイズはまたデヴォンおよびコーンウォールの金山および銀山の会計監査官でもあった（*The Management*, p. 26, Appendix）。

（21）*Ibid.*, p. 8.

（22）P. R. O., Exchequer, L. T. R., Memoranda Rolls, E. 358 / 251, States and Views, Hilary, 18 Edw. IV, m. 17, quoted in *The Management*, p. 8.

（23）Luthington と綴る場合もあるようであり、このルシントンと同一人物。

（24）*The Management*, p. 27, Appendix.

（25）*Ibid.*, pp. 8-9.

（26）*Ibid.*, p. 9.

（27）*Ibid.*, pp. 9, 21.　訳文中の（　）内は訳者(工藤)による補足である。なお、これは、一四八四年の、つまりリチャード三世時代の史料からの引用であるが、リチャード三世はエドワード四世の政策を受け継いでいるゆえ、エドワード四世治下の出納官にも当然当てはまるものと考えられるのであるが、確かな証拠はない。

（28） *Ibid.*, p. 22. たとえば、ジョン・ヘイズは、一四七九年一月三十一日、一四七九年十二月二日、一四八〇年十二月三日、一四八一年十一月二十二日、一四八二年十一月二十五日、および一四八三年十二月四日に国王のチェムバーに出頭した。

（29） ジョン・ラジントンがリチャード・ウェルビーの会計録を、ジョン・クラーク John Clerk およびジョン・ヒューイク John Hewyk がジョン・ハーコート John Harcourt の会計録をそれぞれ作成し、最終的に一冊にまとめたようである。

（30） 後述のように、財務府は、この「外来」会計監査官たちによって提出された会計録を基礎として、のちに出納官たちに直接尋問することを厳重に禁ぜられた。

（31）*The Management*, p. 9.

（32）*Ibid.*, pp. 10–11.

（33）*Ibid.*, p. 11.

〔上〕エドワード４世の国璽（Great Seal）
〔下〕エドワード４世の各種コインの一部
出典：Charles Ross, *EDWARD IV*. Eyre Methuen, London, 1974.

第５章　中央行政における変革

第１節　財務府の二つの変革

一四六一年の財務府は、上級財務府（Upper Exchequer）と下級財務府（Lower Exchequer）とに分かれていた。[1] 前者は、従来ならば令状（Writ）を発布して会計検査を実施し、国王の財政問題を処理する裁判所、つまり、財務訴訟の処理を行う機関でもあったため、「説明と嘆願の財務府」Exchequer of Account and Pleas とか財務裁判所（Court of the Exchequer）とも称された。これに対して、後者つまり下級財務府は、財務府出納部（Exchequer of Receipt）ともいい、現金、金・金塊（Bullion）、宝石、プレート（Plate）、ないし持参人払い捺印金銭債務証書（Bearer Bonds）――割符（Tallies）および支払い命令書（Warrants）――という形で、王の財貨を受領し、蓄積し、かつ支出するいわゆる国王の宝蔵室[2]（Treasury）としての機能を持っていた。

上級財務府は、国王の役人たちによってすでに作成済みの会計録を受理し、下級財務府の保管に委ねると同時に、みずからも会計検査を実施した。そしてまた上級財務府は、国王が賦課金（Dues）を十分に受領することを確実にするために、要求された活動を行い、また国王がみずからの財政状態の詳しい情報を要求したとき、それを国王に提供する役目を担っていた。[3]

エドワード四世治下で行われた財務府の変革を簡単にまとめると、次の二点になる。

㈠ 上級財務府は、クラレンス公からの没収所領の一部の場合を除いて、新たに国王の土地歳入を経営・監督する役人たちによる会計検査（Audits）が行われるようになったために、従来通り会計検査を実施する権限を喪失した。[4] 単に国王の当該役人たちから検査済みの会計録を受け取って保管しておく権限だけ、つまり一定の限られた目的のために検査済みの会計録を保管する権利だけを維持するようになった。[5]

(二) 下級財務府は廃止されず、活動を続けたが、それは従来の国王の主要宝蔵室としての機能はもはや持たなくなり、替わってチェムバー（王室財務部）内の国王自身の金庫（Coffers）が第一宝蔵室としての機能を果たすようになった。

エドワード四世は、その治世当初から、手順上、財務府のいかなる干渉・介入をも受け付けずに、あらゆる種類の財源からチェムバーへと直接金銭を受領している。その方法は、御璽（Signet）――これはマーチ伯領の印章を用いた――を捺印した、いわゆる御璽令状（Signet Warrants）を発して、出納官にチェムバーへ現金を納入するように指図する場合もあれば、いま一つの方法は、国王からの口頭命令に基づいて、支払人と国王の役人との間で作成された歯型切目証書（Indentures）によって、徴収可能なあらゆる場所から金銭を徴収する場合もあった。[6]

一方、下級財務府はすでに、公認されかつ容認された見積り率に基づいて、財務府長官の随意により、種々様々な王室府部門の所要経費を賄うように国王から指図されていたのであった。[7] なぜならば、この指図は、治世が代わるごとに、国王がその治世初年に新たに下すものだったからであり、[8] エドワード四世も単にその慣例に倣ったに過ぎない。この場合、下級財務府は、種々の王室府役人たちへの給与の支払いを、あらかじめ「前払い金」という形でその金額を国王に示したが、それは現金で示されるか、あるいは「支払い見込書」(Assignments) で示されるかのいずれかであった。しかし、下級財務府によるこのような支払方法には不十分な点があり、王室府所要経費を賄うためには、下級財務府からの支給額だけでは不足だったため、すでに見てきたように、[9] 一四六二年、エドワード四世は、一年につき四〇シリング以上の価値があるあらゆる種類の定額請負料およびフィーファーム (保有料付自由保有) を王室府所要経費に充てるべきであるという指図を、これに追加したのであった。

しかしながら、国王とその信頼せる役人たちに、すぐに現金の即時払いをするという財務府の能力は制限された。[10] というのは、実際問題として、財務府の割符のシステムによる支払い見込書なるものは、非常に手間がかかり、すぐさま現金化するのが大変めんどうであったゆえ、国王はそのような支払方法を望まなかったからである。[11] それゆえエドワード四世は、出納官を通じて、チェムバーにおける自分自身の金庫に歳入を直接納入させるように企図し、その中から直接王室府役人たちへ給与を支払うようにしたのである。王（室）領から徴収された金銭は、ここで大役を演じた。このため、金銭を徴収してそれを持ち歩く有能な地方役人・出納官が必要とされたのであり、一方、財務府による所領の請負制度は漸次すたれていくこととなった。[12]

下級財務府の一連の記録[13]を見てみると、次の二点に気づく。

㈠ ヨーク朝が成立した一四六一年より前の記録にはほとんどまったく途切れ

がない。

㈡　一四六一年以降の記録には広範囲にわたって切れ目が認められる。[14]

下級財務府は、毎年、ミカエル祭（Michaelmas）期とイースター（Easter）期に受領記録簿（Receipt Roll）および支払記録簿（Issue Roll）をそれぞれ二部ずつ、合計四部作成したのであるが、[15]エドワード四世治世の最初の七年間、つまり一四六一年のイースター期から一四六七―六八年のミカエル祭期にかけての合計十四期中六期は受領記録簿が一部も残っていない。すなわち、一四六一―六二年のミカエル祭期、[16]一四六三―六四年のミカエル祭期、[17]一四六五年のイースター期、[18]一四六六年のイースター期、[19]一四六七年のイースター期[20]および一四六七―六八年のミカエル祭期[21]がそうである。支払記録簿については、一四七一年以降、一四七九年のものが一部残存しているだけで、他は残存していない。

なお、支払記録簿が再び現れるのは一五六六年になってからである。[22]

これら六期の切れ目は、エドワード四世治世下において財務府の機能、すなわち財務府による会計検査手続きに制限が加えられたことの何よりの証拠であろう。換言すれば、これらの切れ目は、中世末期の会計検査手続きの効率化を明確に示しているものと考えられる。一四六一年以降、チェムバー財政システムの活動が盛大となり、そのために財務府の財政活動に制限が加えられたものと考えるのが妥当のように思われる。[23] その結果、下級財務府の受領記録簿は、その重要性が従来のもののようではなくなったため、以前と同じように大切に保管されなくなったと考えられる。[24]

実は、「国王は財務府出納部を廃止したいという願望は持っていなかった。それは、国王の唯一の宝蔵室たり得ない代わりに、依然として国王の歳入の多くを受領し、かつ支払う複式宝蔵室の一部門となった」[25]（The king had no wish to abolish the Exchequer of Receipt. Instead of being his only treasury it became one department of a multiple treasury still receiving and paying out many of his revenues.）。例えばチェムバーは、大法官府（Chancery）の書記官

（Clerks）、財務府の書記官、それに諸裁判官（Judges）等々といったすべての文官については、管理上の細かい部分にまで及んで関係を持たなかったため、国王は、これらの文官に給与の支払いを行うなど、細かい部分の管理を財務府出納部に任せたのである。しかしながら、チェムバーの活動によって財務府出納部が圧迫され、このような細かい管理を担当するうえでの必要な金銭にも事欠き、後年になって、エドワード四世が、チェムバー内の自分自身の金庫から逆に財務府出納部へ現金を供給しなければならなくなるという事態が発生したのである。[26]

エドワード四世治世期間、王の役人たちが財務府に対して行った会計申告は、「外来会計記録簿」（Rolls of Foreign Accounts）の中に登録された。[27]エドワード四世治世を通じて、それまで王の土地ではなかった土地が新たに王室領に加えられ、財務府による土地の請負制度（Exchequer Farming System）が次第に利用されなくなっていくにつれて、国王によって任用される出納官の数は着実に増え続けていった。そこで、この国王の出納官の数の増大に伴って、彼らによる会計申告の数も増大し、その結果、当然「外来会計記録簿」へ登録――この場合の登録とは、前述したように、国王の出納官の会計申告を財務府が正式に会計録としてまとめたものの登録をいう――された会計申告の数も増大したに違いないと単純に考えがちであるが、実はそうではない[28]。すでに見たように、国王の出納官たちは、多くの場合、国王の命令によって、特別「外来」会計監査官（Special 'Foreign' Auditors）たちに対してその会計報告を履行し、これによって特別「外来」会計監査官たちが多くの国王の出納官の会計録を作成したために、むしろこの国王の出納官たちによる財務府への会計申告はその数が減少し、そのゆえに財務府による「外来会計記録簿」への登録も同様に減少したと考えられるのである。前掲のジョン・マイルウォーターの会計録はその好例であり[29]、国璽を捺印した開封勅許状によって任命された国王の会計監査官ジョン・ルシントン John Luthington の手による作成であり、財務府の作成により「外来会計記録簿」の中に登録されたものではなかった。

さて、これらの「外来」会計監査官たちは、その作成した会計録を、当然の順序を追って財務府に手渡し、その出納部の保管に委ねる義務があった。[30] ウルフ B. P. Wolffe によれば、「財務府は、会計申告の形をとってか、さもなければ『外来』会計監査官なる者によって提出された会計録として、国王の土地を管理するために任命されたすべての出納官たちの会計録を、依然として最終的に受理した」[31] (Thus the Exchequer still ultimately received accounts of all the receivers appointed to administer the king's lands, either in the form of a declaration of account, or as an account sent in by a 'foreign' auditor.) のである。一四八二年に財務府に宛てられた次の令状は、そのことを具体的に例証している。

1　リチャード・ウェルビー Richard Welby について

神の恩寵により、イングランドならびにフランスの国王でありアイルランドの領主であるエドワードは、余の財務府の長官ならびに顧問官たちに挨拶する。リッチモンドフィーRichmondsfee と称するリンカン州におけるリッチモンド大荘園（Honour）を一区画とするところのすべての領地、荘園、土地および保有財産に関する余の出納長リチャード・ウェルビーに対して、差し押えにより、余の当該財務府によって訴訟手続きが行われている。しかしてその上、当該州におけるサマートン Somerton の当該（ママ）諸城郭、荘園および領地――法令によって余の掌中に置かれている――についても、すべての当該領地、荘園、土地および保有財産、また城郭、領地および荘園に関する収益、利益および歳入の会計報告を、すなわち余の治世第十七年三月二日より余の当該治世第二十一年の聖ミカエルの祝日までのそれらの会計報告を、余に対して履行するべきことのゆえに、（余の出納長リチャード・ウェルビーに対して、差し押えにより、余の当該財務府によって訴訟手続きが行われている）。しかして以上の会計報告の不履行ゆえに、余に対して彼によってなされた侮辱から、余に償いをするために、余の当該リンカン州の前シェリフで騎士のロバート・テイルボーイズRobert Tailboysは、この訴訟手続きの効力により、当該リチャード・ウェルビーの家財道具を二六シリング八ペンスの価値があるものとして取得した。しかしてその上、余の当該財務府では一層明白となっていることではあるが、同前シェリフは、余の治世第二十一年九月二十八日、同訴訟手続きの効力により、当該リチャード・ウェルビーの土地および保有財産から、ミルトンにおける三つの家屋敷（Meses）と一二エーカーの土地を、自救的動産差し押え(Distress）の名目で、余の掌中に取得した。余は以下のことを熟慮している。すなわち、余の治世第一年十二月四日付の余の開封勅許状によって、余は、リッチモンド大荘園および州の会計監査官の任務を、終身有されるべきものとして、ジョン・ラジントンJohn Lathingtonに与えかつ授与したということを。しかして、同リチャード・ウェルビーは、(余の)当該(治世)第十七年当該三月二日より余の当該治世第二十一年の当該ミカエルの祝日まで、同領地、荘園、土地および保有財産、また城郭、荘園および領地の会計監査官である当該ジョン・ラジントンの前で、これから生じるすべての収益および利益について、会計報告をしてきたということを。しかして同リチャード・ウェルビーに対する余からの特別の恩恵、つまり一定の専門的知識と単なる命令申請・恩赦、回送および釈放の点において、（したがって）同侮辱ゆえに余がリチャード・ウェルビーに対してなすなりあるいはどうしてもなしうるなりするすべての訴訟手続き、コモン・ロー上の訴訟（Actions）、強制執行、衡平法上の訴訟（Suits）および請求に関する当該侮辱の点において、余が確かに承知しているように、同リチャード・ウェルビーは、以上の同期間に、彼がその出納官だったところの当該領地、荘園、土地および保有財産、また城郭、荘園および領地から余に当然支払われるべきすべての金額を、余に支払いかつ満足を与えてきたということを。しかして、以上のゆえになんじらに以下のことを望み、かつ命じる。すなわちなんじらは、当該侮辱および会計報告、あるいはこれらのうちのいずれかについてであろうとも、同リチャード・ウェルビーを相手取って、余のために行ったり、あるいは行うべき当該訴訟手続きを、またその他の一切の訴訟手続きを、永久にやめ、しかして当該侮辱および会計報告について、当該リチャード・ウェルビーを、永久に余に対して、まったく無罪とし、免責すること。しかしてその上、当該二六シリング八ペンスについても、また当該三つの家屋敷と一二エーカーの土地およびこれらの従物から、その押収時よりこれまでに、余に当然支払われるなり属しているなりするすべての金額についても、当該ロバート・テイルボーイズを、永久に余に対して、まったく無罪としかつ免責すること。しかしてその上なんじらに以下のことも望み、かつ命じる。すなわちなんじらは、当該三つの家屋敷と一二エーカーの土地およびこれらの従物が当該リチャード・ウェルビーに返還されるようにし、つまりこれらが余の掌中および所有に完全に移されるようにし、しかして当該三つの家屋敷と一二エーカーの土地およびこれらの従物から生じる収益に関するいかなる会計報告についてであろうとも、つまりそれゆえ余に対して履行されるべきすべての会計報告について、当該ロバート・テイルボーイズを相手取って、余のために行ったりあるいは行うべき一切の訴訟手続き、コモン・ロー上の訴訟（Actions）強制執行、衡平法上の訴訟（Suits）および請求を、永久にやめること。次のことが常に規定されるべし。すなわち余の当該治世第二十一年の当該聖ミカエルの祝日に前記諸財産の当該会計監査官の前で書きとられた会計録が、余の当該財務府へ手渡され、しかしてなんじらは余の当該顧問官たちによって調査されるべきこと。さらにそれらの会計録の権利については、理性の命じるところに従って偽りのない答弁を受けうる余に属すべきものとすること。たとえどのような事柄であろうとも、これらがなんじらをして反せしめるとしても、前記諸財産に関する確信のある明確な陳述は、本状ではまったくなされるなり行われるなりすべきではないこと。余の治世第二十二年〔一四八二年〕十月二十六日、余のロンドン塔にて、余の玉璽を捺印して作成[32]。

リッチモンド大荘園の国王の出納官リチャード・ウェルビーが財務府に対して会計報告を履行しなかったという理由により、財務府はリンカンシャーのシェリフであるロバート・テイルボーイズ——彼はのちにシェリフ職を解任された。確証はないが、それはおそらくこのトラブルが原因ではなかったかと想像される——に命じて出納長リチャード・ウェルビーの家財道具を取得させ、さらに自救的動産差し押えの名目で、ミルトンにおけるリチャード・ウェルビーの三つの家屋敷と一二エーカーの土地を取得させている。しかし、出納長リチャード・ウェルビーは国王の命令によって、財務府にではなく、リッチモンド大荘園およびリンカンシャーの終身会計監査官ジョン・ラジントン[33]に会計報告を履行してきたのであった。それゆえエドワード四世は、財務府に、出納長リチャード・ウェルビーを相手どっての訴訟手続きをやめ、彼を免責し、差し押えによって取得した土地物件をリチャード・ウェルビーに返還するように命じたのである。エドワード四世はこの処置においてすでに解任された前シェリフのロバート・テイルボーイズに対する配慮も怠っていない。そして以下の二項目を規定している。

㈠　エドワード四世治世第二十一年の聖ミカエルの祝日に、リッチモンド大荘園の会計監査官ジョン・ラジントンの前で記録された会計録が、財務府へ手渡され、財務府顧問官たちによって取り調べられるべきものとする。

㈡　さらにそれらの会計録の権利については、エドワード四世に属すべきものとする。

規定㈠の財務府顧問官たちによる取り調べとは、改めて会計検査を実施せよという意味では決してなく、規定㈡によりエドワード四世が何らかの目的のために他の記録との照合等を行う際に、あるいは財務府自身が他の記録との照合等を行う際に、財務府によるそれら会計録のいわゆる取り調べが許されるにすぎないという意味であり、この点誤解のないように十分注意すべきである。

ついで財務府の役人たちに許された最大のことは、エドワード四世から財務府宛てに発せられた以上のごときいわゆる禁止令状（Writ of Prohibition）の中に述べられている関係者・出納長、つまり宣誓者から、財務府が、会計報告ではなく、会計申告（Declaration of Account）を受け入れることであった。[34]

要するに、以上のことを考慮に入れながら理解しておかなければならない重要な点は、次の3点である。

㈠ 財務府顧問官たちは、財務府における会計申告の際も、あるいはまた「外来」会計監査官によって作成された上で差し出された会計録についても、国王の出納官（長）本人に対して尋問する権限を奪われていた。

㈡ 財務府顧問官たちは、国王の出納官（長）を相手取っていかなる訴訟手続きないしコモン・ロー上および衡平法上の訴訟をも起こすべきではなく、その権限が奪われていた。

㈢ エドワード四世が財務府をその究極の義務から解任しなかった理由の一つは、自己の全歳入の会計録を財務府において確保するためであった。[35]

第2節　チェムバーによる王領歳入機構

1　王室府出納長（Treasurer of the Household）の役割

エドワード四世治世最初の八年間におけるチェムバー財政の支出面を見ると、一年につき、最低で六、六〇〇ポンド、最高で一九、六〇〇ポンドの支出をしており、全体の年支出平均は一三、八二〇ポンドにのぼる。[(36)] つまり単純に考えると、この支出分だけ、財務府からチェムバーに財源を吸い上げたことになる。加えて、一四七〇年代のかなり注目に値すべき財源、すなわち国王への献金（Benevolences）、フランスからの年金（French Pension）――エドワード四世は、一四七五年に対仏戦争のピキニー条約を結び、フランス国王ルイ十一世から二万フランの年金を得ることに成功した――および国王の商業活動による利益は、財務府の記録に登録されることなく、直接国王のチェムバーの金庫に納入され、[(37)] チェムバー財政を支えた。とくにエドワード四世の商業活動については、『クロウランド年代記』の一四七五年および一四七六の条に次のように記されている。

国王は、人々の中でも最も詮索好きな者たちでしかも誰から聞いても商人たちには過度に厳しい者たちを、王国のあらゆる港の税関の調査管理官に任命した。国王自身は商船をどうにか獲得し、これらに王国で最高の羊毛、反物、錫およびその他の日用品を積み込んで、ちょうどまるで貿易をして暮らしている何某かのように、イタリア人やギリシア人たちの間に混ざって、国王の問屋たちを通じて、商品と商品を交換した[38]。

He appointed surveyors of the customs in every port of the kingdom, the most prying of men, and, by all accounts, excessively hard on the merchants, The king himself procured merchants ships, loaded them with the finest wool, cloths, tin and other commodities of the kingdom and, just like any man living by trade, exchanged merchandise for merchandise through his factors among the Italians and the Greeks.

この記述は、絶対王政の特徴の一つでもある、いわゆる国王による重商主義政策の萌芽を雄弁に物語っているように思われる。エドワード四世は、「ロンドンの商人たちに共同経営者として投資していた」ことも分かっている。

このようにして得た利益は、王領歳入の場合と同様、すべて国王のチェムバー内の金庫に納められた。そしてその収入のほとんどが王室府所要経費に充てられたと考えられるが、ここにその財政処理を担当する役人として王室府出納長（Treasurer of the Household）が置かれたのである。すなわち、財務府になんら関係なく、あえて金銭を徴収し、かつ分配し、会計録を審理するだけでなく、国家の種々の部門に金銭の支出指定もする機構が国王のチェムバー内に創設されたのであり[39]、この機構すなわち王室府の収支面における最高責任者が、王室府出納長だった。王室府出納長は、国王と廷臣の衣食住に責任をもっていた。王室府出納長は、普通、現金か支払い見込書という形で、あらかじめ財務府から王室府所要経費に充てるための前払い金（Imprest）を受領した。

ランカスター朝のヘンリ六世のもとでは、財務府が王室府所要経費の全般にわたって財政処理をし、収支を明確にする責任を持っていたが、ヨーク朝のエドワード四世治世の一四六六年から一四六七年までには、王室府出納長がチェムバー内の国王の金庫から、財務府からよりは多くはないが、同程度の金額を受け取り[40]、財務府に代わって、王室府所要経費の全般にわたって、財政処理を担当するようになったのである。

ヘンリ六世治下では小額が「王なる主の」'De Domino Rege' という表題のもとに、王室府財務管理官（Controller of the Household）によって国王からときどき受領されていた。たとえば、一四四六年から一四五三年の六年間には合計一一三ポンド六シリング八ペンスが受領されている[41]。これらの小額は、従来、祭日の施し（Alms）、蝋燭購入代その他に充てるために国王が個人的に王室府財務管理官に支払っていたのであるが、一四六一年以降、すなわちエドワード四世治世になると、この金額の重要性が増し、別に財務府から王室府出納長に納められていた割当額を超えさえし始めるのである。たとえば、一四六一年から一四六二年の間には合計一、七七六ポンド三シリング四ペンスが王室府出納長に納められ、また一四六六年から一四六七年の間には合計九、三四三ポンド三シリング七ペンスが納められており[42]、その金額が著しく増大していることがわかる。

その増大した原因はなんであったか。エドワード四世治世になると、この金額は国王だけでなく、国王の金庫管理官（Cofferer）も支払ったのであり、さらにチェムバーの種々の秘書官（Yeomen）および国王の個人的な役人(Servants)たちの力が手伝っていた[43]。これらの役人たちは、御璽令状（Signet Warrants）の権威により、国王の所領の出納官たちから金銭を徴収するために、各地に派遣された王室府の代理人（Agents）だった。つまり、これらの役人たちは、この種の金額が欠乏したとき、その時々に臨時に中央から派遣されて、出納官から金銭を徴収し、それを王室府出納長に納める役割を果たしたのであるが、普段は国王の出納官かあるいは出納官の代理（Deputies）[44]がみずから中央に出向いてチェムバー内の王室府出納長に納めたようである。したがって、この場合、王室府出納長は、国王のチェムバー内の金庫にその金銭を納入したのではなくて、王室府に納入した訳である。このようにして「王なる主の」という表題がつけられた多くの金銭が王室府にもたらされることとなったが、この金額も財務府の統制からはずされていた。さらに、王室府出納長は、このチェムバーの権威のもとに、ほかにもコモン・ロー部局（Hanaper）の収益および造幣局（Mint）の利益など、かなりの金額を受領しつつあった[45]。そしてこれらのすべての金額を王室府所要経費に充て、国家の種々の部門に割り当てる役割を担ったのが王室府出納長だった。また国王の役人たちから、チェムバーにもたらされた金銭や、財務府からの支払い見込書を受け取り、それらを国王自身の金庫に納めるいわば取次役も王室府出納長が担っていたのである。

この王室府出納長こそが、たとえばフランスの絶対王政にあてはめるとすれば、財務総監のポストに相当するものと思われる。

２　チェムバーの活動と財務府の混乱

テューダー朝のヘンリ七世治世の終わりまでに、全王室歳入の五分の四以上を国王のチェムバーにもたらすことに成功した経路の開削は、ヨーク朝が成立した一四六一年に始まる。[45] その発端をさらに正確に言うならば、エドワード四世が王位を掌握したとき、それまでマーチ伯として同領内においてすでに実施していた財政政策を、エドワード四世が継続しかつ拡張したところにあった。[47] エドワード四世は、一四六五年に国璽を捺印した開封勅許状によって、チェムバー財務長官(Treasurer of the Chamber)を任命したようであるが、[48] すでにそれ以前にチェムバー財務長官の地位に相当する人物が、国王の側近として働いていたのであった。[49] チェムバー財政というものは、秘密のものであったため、史料がほとんど残されておらず、不明の部分が多い。エドワード四世のチェムバー財務長官サー・トマス・ヴォーン Sir Thomas Vaughan は、本人が国王にだけ会計報告したのであり、そのとき提出されたチェムバー会計録は、一部も残存していないようである。ただし、リチャード三世の時代にチェムバー財政長官が作成した会計録は、国王の単独署名によって検査されかつ認証されたことが分かっている[50]。

エドワード四世の金銭を取り扱うあらゆる役人は、①財務府自体の記録を通じて、②大法官府の複写記録の抜粋を通じて、あるいは、③最終的に安全に保管しておくために大法官府に預けられた記録を通じて、その存在が財務府に感知されるに及び、財務府に召喚されるようになっていた[51]。財務府が、これらの記録を通じて、チェムバーが新たに創設した土地歳入部門を担当する中央官庁による土地経営方法とその役人たちの存在に気づくまでには、大変時間がかかったようである。たとえば、一四六七年二月五日、サー・ジョン・ハワード Sir John Howard が国王のチェムバーに二〇〇ポンド支払ったことから、財務府は、十年後の一四七七年になって初めて、国王がジョン・ハワードに故ウォルター・ジョージ Walter George の所領の保有権を売却していたことに気づいている。[52] また、一四八二年、財務府がリッチモンド大荘園の出納長から一四七八年―八二年間の会計報告を要求したとき（このとき同時に会計報告の不履行を理由に、財務府は、担保として同出納長の土地および財産・所有物を没収するようにリンカンシャーのシェリフに命じている。しかし、このあと、理由はわからないが、同シェリフはシェリフ職を解任されたようである）、同出納長の会計報告が、一四六一年十二月四日以来、同大荘園の会計監査官ジョン・ラジントン John Lathington によって、財務府の統制外で検査されていたことが明らかとなった。[53] また、一四六一年三月から同年九月にかけて、サー・ジョン・フォッジ Sir John Fogge がチェムバーの金庫に総計七九九ポンドを納入したことについて、財務府の知るところとなるまでには、八年かかった。しかも財務府はこの八年後に、ジョン・フォッジに対して七九九ポンドの会計報告を正式に要求している。このことについて、エドワード四世は、一四六九年四月二十四日付で、次のような一通の令状を財務府に発している。

3　ジョン・フォッジについて

神の恩寵により、イングランドならびにフランスの国王でありアイルランドの領主であるエドワードは、余の財務府の長官ならびに顧問官たちに挨拶する。なんとなれば、余の信頼とし最愛とする騎士で余の王室府の前出納長ジョン・フォッジが、余の治世第一年三月四日およびこれに続く九月の終りまでの間に、種々様々な人々から、総計七九九ポンドにのぼる一定の金額を、余の用途として、余の命令によって受領したからであり、しかしてこの七九九ポンドという金額を同前出納長が、余が確かに承知していることではあるが、余の特別命令によって、余自身が労せずして得られるように、余の当該王室府ならびにその他に関する会計検査官（Comptroller）ならびに金庫管理官（Cofferer）の手によると同様に、彼自身の手によって、同時期に余のチェムバーへ手渡したからである。このことについて、余の当該前出納長は、余からの支払い命令書（Warrant）なくしてなんじらの前で手当を受け取ることができないからである。余は、以上のことを熟慮するがゆえに、次のことを直接望み、かつ命じる。すなわち、余の当該前出納長が、上述の期間だけの彼の当該任務について、余の当該財務府においてなんじらの前でいま履行中の会計報告において、なんじらが、余の掌中に彼によって手渡された金銭としての前述の七九九ポンドという金額に関して、余の同前出納長に対して通常の手当を支払うこと。しかして、余の同前出納長、彼の相続人たちおよび遺言執行者たちと同様、彼らにかかわるその他すべての者たちについても、なんらかの理由ないし事柄が、なんじらをして（以上のことに）反せしめるとしても、なんじらは、（彼らを）余に対して永久に無罪とし、かつ免責すること。余の治世第九年〔一四六九年〕四月二十四日、余のウェストミンスター宮殿にて、余の玉璽を捺印して作成。[54]

ジョン・フォッジは、エドワード四世の初代王室府出納長だった。前項でも述べたように、ジョン・フォッジが王室府出納長の職に在任中、国王の役人たちから種々様々なときに金銭を受領し、それを国王のチェムバーの金庫に納入するいわば取次役をしていたことがわかる。会計検査官および金庫管理官も同じ役割を担っていた。

財務府の要求に応じて、前王室府出納長ジョン・フォッジは、一四六九年になって、八年前の受領額七九九ポンドに関する会計報告を履行している。しかしこの履行中に問題となったのは、ジョン・フォッジの一四六一年三月から同年九月にかけての当該任務に対する手当だった。本来ならば会計検査の際、財務府は報告額の中から一定の手当を報告人に差し引いて与えることになっていたはずである。ジョン・フォッジの場合、国王からの支払命令書がなければ手当が支給されなかった。なお、この手当がなぜジョン・フォッジが王室府出納長の職に在任中に支給されなかったのかという疑問も起こってくる。もっとも、「給与」ではなく、「手当」となっていることに注意しなければならないのではあるが。筆者の想像するところ、おそらくそれは、王領の歳入に関するチェムバー財政機構の存在の性格にあるように思われる。この王領歳入機構は、財務府の助けをなんら必要とせず、また公認されることもなかった。[(55)] 確証はないが、もしジョン・フォッジが在職期間中に別に給与が支給されていたとすれば、それは財務府によって承認された任務に対してのみ支給されていたものと考えられる。

特別出納官（Special Receiver）ジョン・ビューフィッツ John Beaufitz に関する次の令状は、財務府とはなんら関係なく、国王のチェムバーに選任された役人たちが国王の出納官の会計検査を実施していたことを証明している。この令状は、一四七五年二月十七日、ウェストミンスター宮殿にて財務府宛てに作成されたものである。

4　ジョン・ビューフィッツについて

神の恩寵により、イングランドならびにフランスの国王でありアイルランドの領主であるエドワードは、余の財務府の長官ならびに顧問官たちに挨拶する。そこで、余の財務府では一層明白となっていることのようではあるが、ラヴェル Lovell、デインコート Daincourt およびグレー Gray の今は亡きレディー・アリス（Alice）に以前に属しており、同レディーの死によると同様、同レディーのいとこでかつ相続人であるラヴェル卿フランシス Francis が未成年であることによって、デインコートおよびグレーの諸城郭、領地、荘園、土地および保有財産の出納官ジョン・ビューフィッツに対して、前述のすべての城郭、領地、荘園、土地および保有財産について、すなわち余の治世第十三年二月十日よりこれまでの会計報告を履行するように、余の財務府によって訴訟手続きがとられている。余は次のことを確かに了解している。すなわち、余の治世第十四年七月三十日という日付がついている余の開封勅許状により、余は、同開封勅許状にさらに詳細に記載されていることではあるが、それ以前のイースターより当該フランシスが成年に達するまで、つまり当該フランシスが余や余の相続人たちからなんらの告発を受けることもなしに、正当な方法で余の大法官府の手続きをふんだあとに、当該諸城郭、領地、荘園、土地および保有財産の占有引き渡し（Livery）を有することができるようになるときまで、ロンドンの商人ガラード・カニジアンGarard Canizianに対して、ガラードとガラードの遺言執行人および譲受人（Assigns）たちに了解されて有されるべきすべての同城郭、領地、荘園、土地および保有財産と同じく、これらに関するすべての収益、利益、定額請負料および歳入の保有を是認したということを。しかしてこの授与によって当該ガラードGerardは、当該イースターよりこれまで、すべての城郭、領地、荘園、土地および保有財産に関するすべての収益、利益および歳入を有し、かつ了解したということを。余はまた次のことも熟慮している。

すなわち、当該二月五日より当該イースターに至るまでの当該諸城郭、荘園、土地および保有財産に関するいかなる収益および利益であろうと、これに関する限りは、余のチェムバーにおいて、余によってチェムバーに選任された一定の人々の前で、それを余を相手として会計報告をし、かつ精算すべく当該ジョン・ビューフィッツを任命し、かつ選任したということを。それゆえにそれについて余は、余からの一定の知識と単なる命令申請の点において、なんじらに以下のことを望み、かつ直接命じる。すなわち、なんじらは、チェムバーにおいて余に対して履行されるべき当該会計報告やその他のいかなる会計報告についても、過去あるいは未来を問わず、当該ジョン・ビューフィッツを相手取って余のために行ったりあるいは行うべき当該訴訟手続きやその他一切の訴訟手続きおよび強制執行を、永久にやめること。しかしてなんじらは、すべての同会計報告および訴訟手続きおよびこれらにかかわるあらゆる事柄について、彼を永久に余に対して放免・免責を保ち、かつ実行すること。前記諸財産に関する確信のある明確な陳述は、本状では行われるべきではないこと。すなわち（それは）余の当該財務府で記録を行うという建前に鑑み、同ジョン・ビューフィッツが余の当該チェムバーにおいて、余を相手に会計報告をしたということが、なんじらに否と思われたり、またはなんらか他の事柄ないし理由がなんじらをしてそのようにせしめるとしても、ということである。余の治世第十四年〔一四七五年〕二月十七日、余のウェストミンスター宮殿にて、余の玉璽を捺印して作成[56]。

故アリス・レディー・ラヴェルの相続人ラヴェル卿フランシスが未成年ゆえに国王の掌中に入った所領、すなわち、ラヴェル、デインコートおよびグレーの諸城郭、領地、荘園、土地ならびに保有財産の会計検査が問題となっている。財務府は、同会計報告の不履行を理由に出納官ジョン・ビューフィッツを相手取って訴訟手続きを起こしたのであったが、出納官ジョン・ビューフィッツは、財務府においてではなく、国王のチェムバーにおいて同会計報告を行っていたのであった。「いかなる収益および利益であろうと、これに関する限りは、余のチェムバーにおいて、余によってチェムバーに選任された一定の人々の前で、それを余を相手として会計報告をし、かつ精算すべく」出頭せよとあることから、言うまでもなく、チェムバーが財務府に代わって会計検査を実施しうる場所として機能していたことが明白である。[57] そして国王は財務府に以下の三項目を命じている。

㈠ 財務府は、チェムバーにおける当該会計報告やその他のどのような会計報告についても、過去あるいは未来を問わず、出納官ジョン・ビューフィッツを相手取って、当該訴訟手続きやその他一切の訴訟手続きおよび強制執行を、永久にやめること。

㈡ 財務府は、すべての当該会計報告および訴訟手続き、それにこれらにかかわるあらゆる事柄に関して、出納官ジョン・ビューフィッツを永久に放免・免責すること。

㈢ チェムバーにおける一定の人々の前で、出納官ジョン・ビューフィッツが会計報告を履行することが、財務府に正当ではないと思われるとしても、そのことに関する詳細な陳述はこの令状の中では行わないこと。

これまでにすでに見たクラレンス公ジョージから国王が没収した「ウォリック、ソールズベリーおよびスペンサー諸所領」の出納官ジョン・ヘイズの場合は、チェムバーにおいて会計検査を実施した「一定の人々」とは、ほかならぬ御璽局書記官(Signet Clerks)たちだったのであり、彼らが実際に会計録の摘要書(Summaries of Accounts)を作成していたようである。[58]この中央のほかに、エドワード四世は、ノッティンガム城にも「一定の人々」を選任し、彼らに出納官たちの会計検査を実施させ、金銭を納入させていた。すなわちエドワード四世は、ノッティンガム城に地方の宝蔵室(Regional Treasury)をおそらく置いていたのであろう。[59]

またエドワード四世はこの令状の中で、数カ月後の一四七五年七月三十日付の開封勅許状によって、ラヴェル卿フランシスが成年に達するまでという条件のもとに、ロンドンの商人ガラード・カニジアンにこの後見下に置かれている所領の保有権を売却する旨をあらかじめ財務府に伝えている。もしこのとき国王がこの売却の条件を財務府に予告せずにいたならば、財務府がそのことに気づくまでにはかなりの年数がかかったに相違ない。このような意味で、財務府は、エドワード四世の財政政策上の意図により、情報不足に陥っていたことはほぼ間違いない。

　したがって、以上のことすべては、財務府会計監査官たちにとって、大変混乱させられることであった。ジョン・フォッジの後任で第二代王室府出納長ジョン・エルリントン John Elrington も財務府の強い要求によって[60]、その会計報告を財務府にて履行したこともあったようである[61]。しかし、財務府顧問官たちはもはや、国王のチェムバーによる財政活動に圧迫されて、「大主計官」Great Accountants たち[62]でさえも、その十分な会計検査を指揮するための必要な知識・情報もままならなかったか、あるいは能力を持っていなかった[63]。財務府の書記官たちは、どのようにして会計検査を始めたらよいのかその方法について混乱させられていたのである。すなわち、この混乱状態をよく示すものとして、財務府長官が、その会計録を「財務府の分」、「ランカスター公領の分」、「領主である国王の分」というふうに曖昧な気持ちで分類していたことが分かっている。[64] さらに財務府長官の会計録は、この時代は、受領額を年代順に記録するようになっていたようであり、また、財務府に必要な金額が納入された際に取り交わされたのは、従来のような割符（Tally）ではなくて、歯型切目証書（Indenture）が用いられるようになっていた。[65] 要するに、能率的で新たな王領歳入機構としてチェムバーが活動するようになったため、財務府は従来の機能を喪失しつつあったのである。そしてこのことは、国王のチェムバーが財務府に必要な情報を提供することによって、あるいは国王が自身の役人たちに財務府で口頭報告を履行するように命じることによってのみ、回復されたのである。

エドワード四世が、没収所領（Forfeitures）、後見権（Wardships）および各司教管区の不動産収入（Temporalities）の保有権を売り物として一時的な条件付き売却契約を結んだのは、チェムバーにおいてであった。[66] エドワード四世は、開封勅許状を発する前に、チェムバー内の金庫にその売却代金を即金で受領している。すでにこの点については、ジョン・ハワードが、故ウォルター・ジョージ Walter George に以前属していた所領の保有権を、チェムバーにおいて二〇〇ポンドで購入した例[67]と、チャートシーの小修道院長が空位中の同修道院の不動産収入の保有権を、チェムバーにおいて五〇マークで購入した例[68]を具体的に見てきた。[69] これらの例のほかに、ジョン・サプコテ John Sapcote は、以前フルク・フィッツ・ウォーレン Fulk fitz Warren の所領を、その後見人が未成年の間保有するという条件で、チェムバーに一年につき二二三ポンド六シリング八ペンスを納めている。[70]

エドワード四世は、口頭および信書によって所領にそれぞれ出納官を任命したが、これらの出納官たちは、その任命書である開封勅許状が書かれた日付よりも、すでに一年ないしそれ以上も前から出納官としての任務に就いていた者もいた。[71]

エドワード四世は、王室の各公領における下位の役人たちに対して、彼らの上位にいて公領経営に当たっているいわゆる上位役人たちや財務府になんら関係なく、その収益を処置するように種々の命令を送った。中央所領庁（Central Estate Office）としてのチェムバーの権益は、コーンウォールからヨークシャーにまで広がり、障壁というものを知らなかった。[72] ランカスター公領経営はその守護的性格において大変厳しくかつ独自的性格を持つものであったことはよく知られている。しかしそれにもかかわらず、エドワード四世治世において、ランカスター公領の一部分であるタットベリーTutbury 大荘園の出納官は、国王の直接命令の権威により、ノッティンガム城にて国王の金庫へその収益を手渡していたという事実が判明している。[73] エドワード四世は、ランカスター公領の収益が十分チェムバーの金庫に入ってこなかった場合、まず玉璽尚書（Keeper of the Privy Seal）宛てに御璽を捺印した一通の書状（Signet Letter）を送り届けた。そこで、この書状を受け取った玉璽尚書はさっそく玉璽令状[74]（Privy Seal Writs）を作成し、それ（ら）をランカスター公領尚書――エドワード四世は、ランカスター公領尚書に、玉璽尚書宛てに送られる御璽を捺印した国王の書状に個人的に注意を払うように予め命じていた――に送り届けて国王の命令を伝え、ランカスター公領尚書にすぐさま国王の金庫に金銭を供給するようにさせたのである。その際、国王が玉璽尚書に御璽を捺印した書状を送り、ランカスター公領尚書に金銭を供給するように命じた事実はなかったこととし、ランカスター公領尚書が、みずから玉璽尚書に玉璽令状を要求したものとして、玉璽尚書が玉璽令状をランカスター公領尚書に送り届けたとき、その収益を国王の金庫に納入するようになっていた。[75]これを分かりやすく〔図〕[76]で示すと、次頁のようになる。

事務上の手続きおよび責任関係を国王と玉璽尚書との間で切ったのは、恐らく迅速で効果的な徴収を目的としたからであったと思われる。なおリチャード三世時代には、ランカスター公領南部の出納官たちは、王室府出納長にではなく、チ

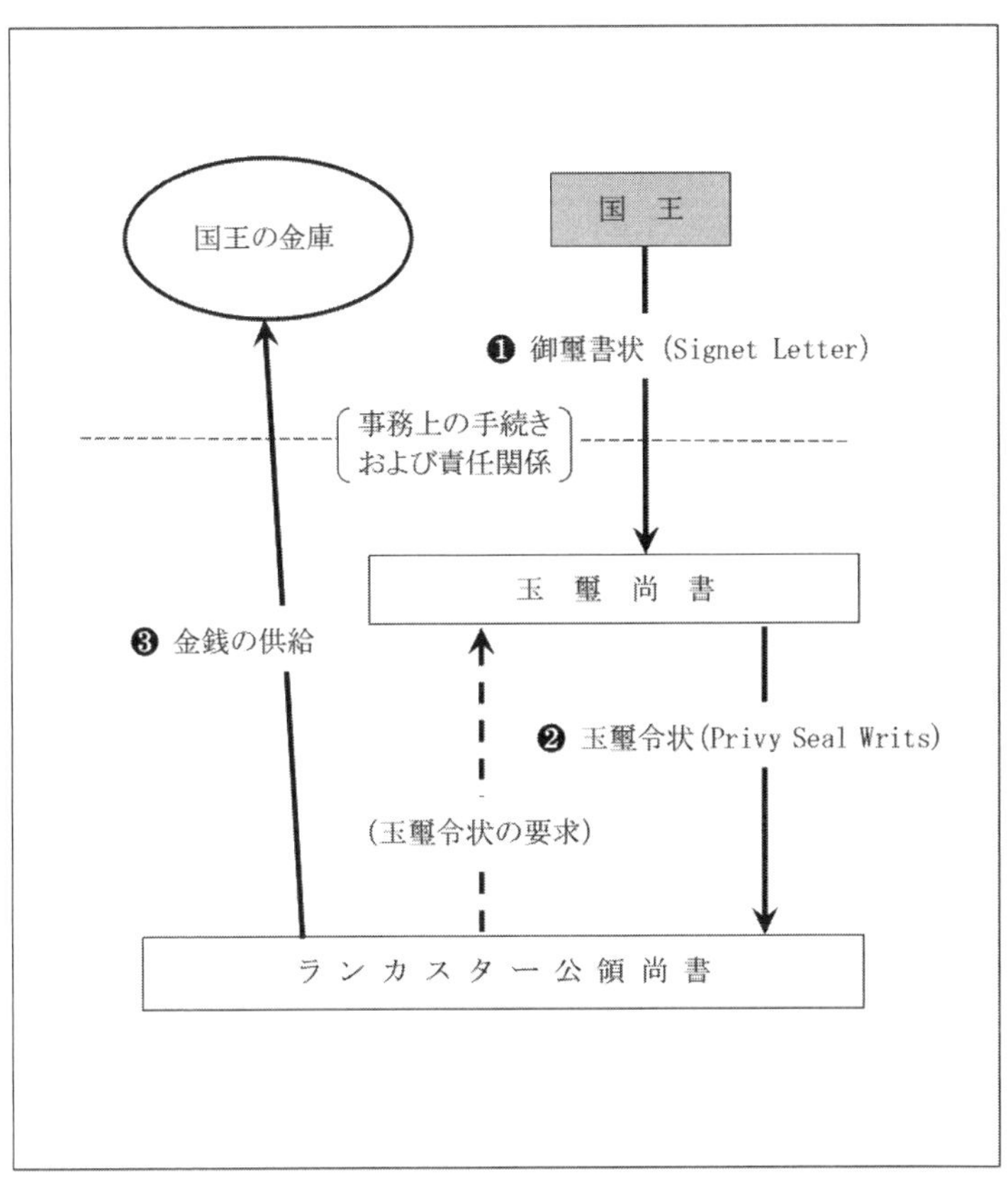
国王の金庫
国　王
❶ 御璽書状（Signet Letter）
事務上の手続き
および責任関係
玉　璽　尚　書
❸ 金銭の供給
❷ 玉璽令状(Privy Seal Writs)
（玉璽令状の要求）
ラ　ン　カ　ス　タ　ー　公　領　尚　書

〔　図　〕

ェムバー財務長官に直接その収益を納入した。またリチャード三世時代には、御璽局（Signe Office）がこのランカスター公領南部の出納官たちに支払い命令書を発して、国王の債権者たちに国王の負債を支払うように直接命じたようである。[77]

要するに、チェムバーは、国王の第一宝蔵室であると同時に中央会計検査庁（Centre of Audit）として機能するようになったのである。[78]

5　チェムバー財務長官（Treasurer of the Chamber）の役割

チェムバー財務長官の役割を明確に記している史料は存在しないようである。[79]したがって、チェムバー財務長官の役割を具体的に説明することはほぼ不可能と言えよう。ここでは、分かっていることだけ記述する。

新たに始められたチェムバー財政機構の中心的役割を果たしたのが、チェムバー財務長官だった。チェムバー財務長官は、国王の財政に精通し、王の側近にありながら、王の片腕として専門に仕えた官僚であり、いわゆる「国王秘書官」であった。[80] エドワード四世は、治世最初の数年間、ジョン・ケンダル John Kendal に現金管理の世話を任せていたようであるが、このジョン・ケンダルはまだ正式に「チェムバー財務長官」と呼ばれておらず、「王室府金庫管理官」(Household Cofferer) とか、「国王の金庫管理官」(King's Cofferer) と呼ばれていた。[81] しかしジョン・ケンダルは、一四六五年以降、突然チェムバーから姿を消す。[82] そもそもチェムバー財務長官という称号は、それまでの「国王の宝石局長菅」('Keeper of the King's Jewels') と同義であったと言われる。そしてこのチェムバー財務長官の任にある者は、エドワード四世の新財政政策に関する最高の片腕とされ、「国王の宝石局長菅」の場合と同様、当然ながら、かなりの身分の者が任命されたようである。[83]

ここで、一四六一年より前の「国王の宝石局長官」の財政上の任務について見ると、主として、宝石局 (King's Jewels) による定期的な借入金の調達に携わっていたことが分かる。一四二二年以前、「国王の宝石局長官」は、国王に直接報告し、認印（Signet of the Eagle）を捺印して、一定の手当を国王から受け取っていたようである。「国王の宝石局長官」の任命はほとんど口頭で行われたと言って間違いないであろう。[84]

このような口頭による任命が続けられていたが、一四六五年、エドワード四世は国璽を捺印した開封勅許状によって、明確な任期を定めず、トマス・ヴォーンThomas Vaughanをチェムバー財務長官として正式に任命したのである。[85] トマス・ヴォーンは、国王から要求されたとき、いつでも直接自分で国王に会計録を差し出すように命ぜられていたようであり、チェムバーの会計監査官たちは国王の金庫の中身をよく知っていたが、トマス・ヴォーンに代わって国王に直接会計録を提出することは許されていなかったようである。

むすび

チェムバー内における王（室）領歳入機構は、財務府の種々の欠陥を補って王権を強化し、完全にするために造られたのであった。財務府は、エドワード四世の必要条件、すなわち当座の現金を用意する点において、国王の必要条件を満たさなかったのである。また、もし王（室）領収入の増加を達成しようと国王が企図した場合、各地域に要求された綿密で個人的な監督という点において、国王の必要条件を満たさなかったのである。[86]これらの目的を達成するために、エドワード四世は、イングランド諸王の相続財産と、ランカスター、ヨーク、マーチ、ソールズベリー、スペンサー、ビーチャムおよびその他の諸所領を結合させ、古くからの財務府による所領請負制度のいかなる拡張をも、そのすべての悪弊とともに固く退けた。そして、会計検査に関する古くからの手順を無視したのであった。[87]

また財務府がその債権者たちに返済していた金銭を、国王が費やすことができるようにするという動機も加わっていたようである。[88]しかし、だからと言って、エドワード四世は、財務府に代わる確固とした公共機関を新たに設立するという考えは、持っていなかった。[89] それゆえ相変わらず財務府は、すべての会計録を最終的に受理して保管し、それらの会計録を調査――もちろん「会計検査」ではない――する義務を有する記録裁判所（Court of Record）であり続けた。さらにまた、王室府所要経費として、財務府から王室府出納長へ支払われた前払い金に関して、のちに王室府出納長が、財務府において履行した会計報告の審理や、俸給、国家功労年金（Pensions）および年金（Annuities）等の支払いをチェックすることもチェムバーの仕事ではなく、依然として財務府に委ねられたままであった。[90] 要するに、多くの経常的な事柄は財務府にそのまま残されたのである。そして一方、エドワード四世の側近によってしっかりと監督され、王（室）領経営および管理面において並はずれた手腕を発揮した役人たち――騎士、ジェントリ（郷紳）、ヨーマン（独立自営農民）[91] などの貴族以外の人々――は、速やかで能率的な金銭徴収を可能とするために、エドワード四世によって、財務府の古くからの方針・手順から免除されたのであった。すなわち、エドワード四世治世の最後の年である一四八三年に、クラレンス公からの没収所領に任命された六人の出納官たち[92]は、ウェストミンスターの財務府において、最初のような正規の会計報告ではなく、会計申告を履行するように切り替えられている[93]。また同年、それ以外の残りの出納官たちは、財務府の統制下で、「外来」会計監査官たちの前で会計報告を履行し、検査を受けた[94]。

エドワード四世は、チェムバーにおける金庫を充たすために、所領の歳入に関する能率的な出納官網を必要としたのである[95]。すなわち、財務府の支払い見込書による王室府への金銭納入方法は、支払い見込金の額だけは提示されても、それが現金として実際に王室府へ全額納入されることはめったになく、慣例的に四散してしまう傾向があったため、エドワード四世は財務府の支払い見込書による王室府への金銭納入方法の欠陥を補うべく、チェムバー内に王（室）領歳入機構を新たに設立し、出納官を任命して直接チェムバーの金庫に金銭を納入させたのであった。

エドワード四世の出納官か、あるいはエドワード四世から所領の権益・保有権を一時的に購入するために、国王と個人的に売買契約をすでに締結していた忠臣かが、財務府の令状（Exchequer Writ）によって、またはその会計報告を要求する訴訟手続きによって、厄介な状態に陥らされた場合は、常に、エドワード四世は財務府宛てに、これまで繰り返し見てきたように、禁止令状（Prohibition）を発して当該出納官ないし忠臣の無罪放免を財務府に命じなければならなかった。[96]かかる禁止令状が多くみられること自体、エドワード四世の王領政策の特殊性を雄弁に物語っている。

エドワード四世の治世を通じて、このようなトラブルがしばしば発生し続けた理由は、チェムバーによる王（室）領歳入機構が公認されたものではなかったのに対して、財務府の役人たちが、「財務府の古くからの手順」（'Ancient course of the Exchequer'）によれば、いつものごとく極端に細心すぎ、のろのろと長い尋問[97]、および会計報告の訴訟手続きにその出納官ないし忠臣を服させ得るのは当然のことだったからである[98]。

国王によるこれらの禁止令状は、一応、玉璽局（Privy Seal Office）からの令状として財務府に送り届けられてはいるが、実際は、国王の移動、すなわち宮廷の移動と共に移動させせられた御璽局（Signet Office）、つまり国王秘書官の管理下にあった、いわば「国王外部局」（King's Outer Chamber）内に置かれた御璽局から本源的に発せられたものであった[99]。そのことは、これらの禁止令状が、ウェストミンスター宮殿、グリニッジ宮殿およびロンドン塔など、いろいろな宮殿にてその作成年月日が記されていることから明白である。玉璽局は、御璽局が作成したオリジナルの令状の作成場所と年月日を単に写してその記録に留めたにすぎなかったようである[100]。

これらの義務免除の令状の中には、財務府に対する一種の会計報告の形をとっているものもあった。たとえば、先に記述したように、クラレンス公からの没収所領に任命されたジョン・ヘイズに関する令状などがそうである。財務府に対するこの一種の会計報告から分かることは、国王の役人が徴収した受領額をチェムバーに納入する際は、その任務に関して、口頭で会計報告を履行するように要求されていたということ、それからこの出納官の陳述の関連部分がチェムバーから財務府顧問官宛てに「令状」という形をとって送り届けられるように、チェムバー内の国王の役人たち、あるいは多分「外来」会計監査官たちによって書き留められていたということである。またこれらの義務免除の令状によれば、出納官たちが財務府において、会計報告ではなく、会計申告を履行する際には、財務府顧問官たちは、出納官による会計申告通りに単に「外来会計記録簿」(Rolls of Foreign Accounts) に登録したに過ぎなかった。つまりその際、財務府顧問官たちは、国王の出納官たちに対していかなる尋問を行うことも禁じられたのである。さらに財務府顧問官たちは、国王の出納官たちの会計報告不履行を理由に、出納官たちを相手取っていかなる訴訟手続きないし訴訟をも起こしてはならず[101]、全面的に禁ぜられたのであった。

ウルフも指摘しているように、これらの義務免除の令状の中には、意味の不明瞭な表現がしばしば散見され、この点についても注意すべきであろう[102]。すなわち、「それについて余は、余からの一定の知識と単なる命令申請の点においてなんじら（財務府役人）に望み、かつ直接命じる」（`We thereof of our certain knowledge and mere motion will and straightly charge you`）とか、「前期諸財産に関する確信のある明確な陳述は、本状では行われるべきではないということ[103]」（`That express mention of the certainty of the premises herein be not made`）とか、「たとえ他のどのような事柄であろうとも、これらがなんじらをして反せしめるとしても[104]」（`Any other matter whatsoever you to the contrary moving notwithstanding`）等々といった表現がそうである[105]。これらの表現の中にこそ、エドワード四世による新たな王（室）領経営政策の立場と性格が、ある意味で、暗示されているように思われる。つまり、これらの文章は、「国王がさまざまな地方的な慣習法に束縛されることなく立法できる」という、絶対王政の特徴の「先駆け」を明示していると言えるのではないだろうか。エドワード四世は、コモン・ローや衡平法に反する非合法なことであっても、敢えてみずからの政策を断行したのであった。

調査管理官および出納官たちは、①王領（King's Lands）と②請負地（Farmed Lands）の両方に、エドワード四世治世の当初から任命されたのであった。最も多く、そして多分すべての場合において、出納官たちは、エドワード四世の個人的な令状によって、もしくはエドワード四世の口頭命令によって、指図された通りに金銭を納入したのであり、そしてもし出納官たちの収益が王室府出納長に対して支出を指定されなかった場合は、出納官たちは、チェムバーの国王自身の金庫に、その手元に残っていた現金差引額を規則正しく納入した。[106] この調査管理官および出納官たちの多くは、毎年、少なくとも一回はチェムバーを個人的に訪問したのである。

一四六一年以降、多数の「外来」会計監査官たちもまた任命された。財務府顧問官たちに対するこれらの「外来」会計監査官たちの唯一の義務は、その作成した会計録を財務府顧問官たちに手渡して、その保管に委ねることであった。[107] 注意すべき点は、これらの「外来」会計監査官たちが作成した会計録は、財務府顧問官たちに手渡されて、その保管に委ねられる前に、チェムバー財務長官によって率いられた委員会の調査を受けなければならなかったということである。[108] つまり、このような形で「外来」会計監査官たちは、エドワード四世の直接的な中央支配に服していたものと考えられるのである。[109]

ランダーJ. R. Lander によれば、チェムバーによる新たな王（室）領経営によって、一四八三年までに、王（室）領は一年におよそ二二、〇〇〇ポンドないし二五、〇〇〇ポンドの純収入を上げるようになっていた。[110] なお、同年のエドワード四世の国家総収入は、およそ九〇、〇〇〇ポンドから九三、〇〇〇ポンドであったと言われる。[111] したがって、エドワード四世治世の一年間における、国家総収入に占める王（室）領純収入の割合は、およそ24パーセントから27パーセントであった。さらにこの他に、シェリフたちの請負料、特権領（Liberties）のベイリフたちによる納入金、空位となった司教管区の不動産収入、被後見人（Wards）、結婚権（Marriages）およびいろいろな封建的付帯義務（Feudal Incidents）による納入金として、四、六四三ポンドの収入があったようである。[112]

ヨーク朝第三代リチャード三世（在位１４８３―１４８５）は、最低でも二五、〇〇〇ポンドの純収入以外に、年金（Annuities）および国家功労年金（Pensions）に充てる分として、王（室）領から一年につきさらに約一〇、〇〇〇ポンドを徴収した。[113] したがって、リチャード三世は王（室）領から一年につき少なくとも三五、〇〇〇ポンドの純収入を享受していたと言っても過言ではない。[114]

このような経営方法を受け継いだテューダー朝のヘンリ七世（在位１４８５―１５０９）の場合、その治世最後の一五〇九年までには、王（室）領からの純収入は、およそ四二、〇〇〇ポンドに増大する。[115] なお、一五〇九年ころのテューダー朝のヘンリ七世の国家総収入はおよそ一〇四、〇〇〇ポンドから一一三、〇〇〇ポンドであったと言われるから、国家総収入に占める王（室）領純収入の割合は、およそ37パーセントから40パーセントということになる。このように、エドワード四世が始めた王（室）領政策は、治世ごとにその純収入を増大させ、絶対王政を盤石なものとするに至るのである。[116]

エドワード四世が表明した「自分自身の所領で生活する」という意向は、王が留保した重要な例外を条件として、昔からの、そして達成しにくい、憲政上の理想（Constitutional Ideal）に対する単なる口先だけの厚意ではなかった。[117] 政策だけはランカスター政権下の議会において繰り返し唱えられてはいたが、[118] ランカスター朝政府によって決して進んで、もしくは有効に遂行されはしなかったのである。[119] ランカスター朝統治は、財政収支面に大きな欠陥・不合理が見られたことを考えてみれば、エドワード四世によるチェムバーを中心とした王室財政の拡大政策は、王権の強化にとって誠に意義深くかつ重要な政策であったと考えられるのである。

さらに、外観はバラ戦争（１４５５―１４８５）というおよそ三十年に及ぶ「乱世」にあって、注目に値するヨーク朝統治の二十年余りはまた、管理を専門とする自信に満ちた一般人――貴族ではない世俗の人々――の行政官たちと結託した、有能なヨーク家諸王が、チェムバーに集権化された新行政網・新財政網を創るのに忙殺された時代でもあった。すなわち、エドワード四世が、王権を制限する財務府を無視し、王（室）領経営を中心とする地域行政およびチェムバー行政を行ったことは、中央政府における能力の点において、ひいては中央集権化政策＝絶対王政への第一歩として、誠に注目に値すべき政策であったと考えられる。すなわち、換言するならば、国王は、財務府のごとき、王権を制限する敵対的な貴族勢力を牽制し、王権を強化するために、貴族ではないより下位の者たち――騎士、ジェントリ（郷紳）、ヨーマン（独立自営農民）層――を行政官に任じて、彼らと提携した(120)ことが、貴族を中心とする中世の終焉＝絶対王政の始まりを意味する出来事であったと言えよう。

以上のように、チェムバーによる王（室）領経営システムは、エドワード四世治世（在位１４６１―１４８３）のおよそ二十年間を通じて、試行錯誤の結果、リチャード三世代にほぼ完成を見るのである。[121]

註

（1）財務府の成立は、十二世紀初期と言われる。同世紀末には早くも、一個の独立した官庁のごとき形態をとっており、すでに上級財務府と下級財務府とから成り立っていた。十二世紀七〇年代の財務府の機構については、佐藤伊久男「イングランドにおける財務府（Exchequer）の成立について」（服藤弘司・小山貞夫編『法と権力の史的考察――世良教授還暦記念、上――』創文社、一九七七年）参照。

（2）出納部である宝蔵室（Treasury of Receipt）は、国家の最重要書類の保管場所でもあった。（*The Management*, p. 11, note 2）。

（3）*Ibid.*, p. 11.

（4）この点、リチャード三世時代になると、財務府は完全に権限を失ってしまう。すなわち、リチャード三世が、一四八三年のミカエル祭以降、会計監査官たちを新たにクラレンス公からの没収所領全部に任命すると、エドワード四世治世下で財務府において会計申告を行っていた同没収所領の出納官たちは、今やかくするのをやめたのである（*Ibid.*, p, 10）。

（5）*Ibid.*, p. 11. ただし、最終的にはこれらの会計録は、財務府出納部に保管された。

（6）*Ibid.*

（7）*Ibid.*, pp. 11–12.

（8）E. g. P. R. O., Exchequer of Receipt, Warrants for Issues, E. 404/72/1,

m. 7, dated 2 June 1461; J. G. Nichols (ed.), *Grants from the Crown during the Reign of Edward V*, Camden Society, 1854. pp. 68–69, at the beginning of Edward V's reign (*The Management*, p. 12).

（9）本書、第2章参照。

（10）*The Management*, p. 12.

（11）そのほか、収入の記録作成・監査にも長期間を要する——最低二年はかかる——という、いわば緩慢で能率の悪い欠陥を財務府はもっていた（尾野比左夫『イギリス絶対主義の成立過程』比叡書房、一九七八年、八三頁）。

（12）Cf. *Ibid.*, p. 12, note 2.

（13）Anthony Steel, *The Receipt of the Exchequer 1377–1485*, Cambridge U. P., 1954.

（14）*Ibid.*, pp. 285–317.

（15）しかしこれらの各一部は、財務府長官（Treasurer）、国王の監理官

(King's Chamberlain) およびウォリック監理官用にそれぞれ同じ内容のものが三部ずつ作成されたのだから、記録内容の別を考慮に入れなければ、全部で十二部作成されたことになる。

(16) A. Steel, *op. cit.*, pp. 286–433.

(17) *Ibid.*, pp. 289, 434.

(18) *Ibid.*, pp. 290, 434.

(19) *Ibid.*. pp. 292, 434.

(20) *Ibid.*

(21) *Ibid.*

(22) *The Management*, p. 12.

(23) この時代における王室の財政状況を調べる場合、スティール A. Steel によれば、史料としての受領記録簿 (Receipt Rolls) の重要性は減退しつつあったが、この減退は、たとえチェムバー財政の発達によって引き起こされなかったとしても、少なくとも、促進されていたと思われるとウルフは推測している。そしてそのことを示す証拠史料は、The warrants for issues〝brevia directa baronibus〟および「外来」会計監査官たちの会計録(Account Rolls) であるが、スティールは、これらの史料を取り扱っていないため、その見解にはある程度の修正が必要であると指摘している。というのは、〝sol〟entries が下級財務府へ納入された現金の額を必ずしも表示しているとは限らないことをウルフは指摘し、その具体的な例として、一四六一年六月二十二日にロンドン市長、同市参事会員(Aldermen) および市民からの現金による借入金一二、〇〇〇ポンドが下級財務府に何ら報告されなかったことと、財務府の役人たちが、この借入金に関する取り扱いの知識を持っていなかったことをあげている。加えて、一四六一年の初め頃、たくさんの類似の実例があったとし(*Ibid.*, p. 13)、一四六一年より前の数年間でさえもこれら受領記録簿から財務府による現金受領額の正確な総計を割り出すのは不可能であると主張している（*The Management*, p. 13, note 1)。要するに、多くの現金が、正しい意味での一四六一年以降にチェムバー財政システムが発達する以前から、財務府による手続きを通さずに国王自身の手、すなわち国王自身の金庫に直接手渡され始めていたのであって、この時代の受領記録簿が国王の総収入を必ずしも正確に示していないのは、ひとえに一四六一年以降にチェムバー財政システムが発達したためにそうなったとするスティールの説はやや正確さに欠けると言えるのではないだろうか。

（24）*The Management*, p. 13.

（25）*Ibid.*

（26）*Ibid.*, pp. 13–14.　一四七八年八月二十六日に、現金で合計七、八七五ポンド一五シリング二ペンス二分の一が、王室府の四人の役人、すなわちウイリアム・ドーベニー William Dawbenny、ピーター・カーティス Peter

Curtis（納戸部監理官）、ジョン・モートン John Morton、およびトマス・ヴォーン Thomas Vaughan（チェムバー財務長官）によって、全部で十六回に分けて――最高一回一、〇〇〇ポンド――国王の金庫から財務府出納部へ運ばれている。このあとも引き続いて財務府出納部へ金銭の供給が行われたようである。なお、ウルフは「七、八七五ポンド一五シリング二ペンス二分の一」と記述しているが、スティールによれば「七、三七五ポンド一五シリング二ペンス二分の一」であり、筆者は前者に従った。Cf. A. Steel, *op. cit.*, p. 310.

（27）すでに、一三二六年の財務府の勅令（Exchequer Ordinances）によって、「請け負わせるべく賃貸しない国王の城郭、荘園およびその他の土地」全部、すなわち俸給で任用されている職業的・専門的役人たちの管理に委ねられた国王の土地全部に関する会計申告を「個々の外来経常利益」（Separate Ros of Foreign Accounts）に登録するように指図されていたのであり、エドワード四世もこれに倣った（*The Management*, p. 14)。

（28）*Ibid.*, p. 14.

（29）本書、第3章第1節参照。

（30）*The Management*, pp. 14–15; *The Crown Lands*, p. 58.

（31）*The Management*, p. 15. 傍点は訳者（工藤）による。なお、ここで誤解してならない点は、言うまでもなく、国王により任命されたすべての出納官たちの会計録が財務府に保管されたとはいえ、「外来」会計監査官たちによって作成された会計録は財務府の「外来会計記録簿」(Rolls of Foreign Accounts) の中に改めて登録されなおしたのではなかったということである。

（32）P.R.O., Exchequer, K.R., Memoranda Rolls, 'brevia directa baronibus', E. 159/259, Michaelmas, 22 Edw. IV, m. 6, quoted in The Crown Lands, pp. 116–117. 訳文中の（　）内は訳者（工藤）、〔　〕内はウルフによ

る補足である。

（33）本書、第4章第2節の3を参照。

（34）*The Crown Lands*, pp. 58–59.

（35）*Ibid.*, p. 58.

（36）J.H. Ramsay, *op. cit.*, II, p. 467.

（37）*The Crown Lands*, p. 56.

（38）The Croyland Chronicle, quoted in *The Crown Lands*, p. 105.

（39）*The Management*, p. 16.

（40）P.R.O., Exchequer, K.R., Various Accounts, E. 101/411/11, 13, 14; 412/2 (treasurer of the Household, 1461–67), quoted in *The Crown Lands*, p. 56.

（41）P.R.O., Exchequer, K.R., Various Accounts, E. 101/409/20 (controller of the Household, 15 November 1446–27 March 1453), quoted in *The*

Management, p. 16.

（42）*The Management*, p. 16.

（43）*Ibid.* 国王の個人的な役人たちの中には次のような人々がいた。ピーター・ボーピーPeter Beaupie、トマス・サイントレガーThomas Seintleger、ピーター・カーティスPeter Curteis、リチャード・バイデウィンRichard Bydewyn (宝石局の秘書官でかつウィルトシャーのたくさんの荘園の会計監査官でもある)、ジョン・ドゥーンJohn Donne、ジョン・パークJohn Parke、トマス・ハーバートThomas Herbert、リチャード・ジェニーRichard Jeny等々。

（44）*Ibid.*

（45）P.R.O., Exchequer, K.R., Various Accounts, E. 101/411/11, 13, 14; 412/2 (treasurer of the Household, 1461-67), quoted in *The Management*, p. 17. 同じ時期に王室府出納長はまた、財務府ともチェムバーとも関係の

ない特別手筈の権利によって、「外来」生計（〝Foreign〟livelihood）からの金額も受領しつつあった。たとえば、ダラム司教管区から入ってくる不動産収入（Temporalities）、つまり王室府所要経費に充てられるべき収入として、それを管理するために、すでに設けられていた王室府役人たちが構成する委員会からその不動産収入を受領しつつあった。これらの「外来」生計からの金額は、「外来収入金」（〝Foreign Receipts〟）として王室府出納長の会計録に記載された。

（46）イギリス史におけるチェムバー財政——永続的なものではなく、一時的なもの——の最初の例については、次の文献が参考となる。J.E.A. Jolliffe,〝The Chamber and the Castle Treasurers under King John〟, *Studies in Medieval History presented to F.M. Powicke*, 1948. pp. 117–142; J. Conway Davies, *The Baronial Opposition to Edward II*, 1918. pp. 69–71; T.F. Tout, *Chapters in the Administrative History of Medieval England,* 1967, Vol. I, pp. 100–150 (Henry II), Vol, IV, pp. 230–343 (Edward III).

（47）*The Crown Lands,* p. 56.

（48）*Calendar of Patent Rolls, 1461–1467,* p. 459, quoted in *The Crown Lands,* p. 56.

（49）*The Management,* p. 23.

（50）*The Crown Lands,* p. 119.

（51）*Ibid.,* p. 57.

（52）*Ibid.,* p. 112. 本書、第4章第1節参照。

（53）*Ibid.,* pp. 116–117. 本書、第5章第1節参照。

（54）P. R. O., Exchequer, K. R., Memoranda Rolls, `*brevia directa baronibus*`, E. 159/246, Easter, 9 Edw. IV, m. 4; quoted in *The Crown Lands,* pp. 107–108. 訳文中の（　　）内は訳者（工藤）による補足。

（55）*The Crown Lands*, pp. 57, 106ff.

（56）P.R.O., Exchequer, K.R., Memoranda Rolls, ‘*brevia directa baronibus*’, E. 159/251, Hilary, 14 Edw. IV, m. 10; quoted in *The Crown Lands*, pp. 110-111. 訳文中の（　）内は訳者（工藤）による補足。

（57）ここに未完成のテューダー第一審測量士裁判所（Tudor Court of General Surveyors）の起源が見られるとウルフは指摘している（*The Crown Lands*, p. 59）。

（58）P.R.O., Exchequer, K.R., Memoranda Rolls, ‘*brevia directa baronibus*’, E. 159/257, Hilary, 20 Edw. IV, m. 3d., quoted in *The Crown Lands*, pp. 59, 113-114.

（59）*The Management*, p. 7. 本書、第3章の註（33）で言及した出納官ジャーヴァス・クリフトンGervase Cliftonは、ノッティンガム城において会計報告を履行し、その受領額をそこに納入した。また、タットベリー大荘園の出納官は、一四七六年にノッティンガム城に三〇〇ポンドを納入しており、さらにまたリンカンシャーにおけるリッチモンド大荘園の出納官リチャード・ウェルビーRichard Welbyは、一四七八年一月二十六日に現金で一〇〇ポンドを携えてボストンからノッティンガム城へと騎行し、国王のエスクワイアのウィリアム・スレフェルドWilliam Slefeldからそれに対する領収書を受け取っている（*The Management*, p.7）。

（60）財務府は、ジョン・エルリントンJohn Elringtonによって受領された金額——この金額は、国王の命令に従って、国王自身の金庫かどこか別の金庫に収められていた——を明細に報告するように、ジョン・エルリントンを差し押さえつつあった。

（61）P.R.O., Exchequer, K.R., Memoranda Rolls, `*brevia directa baronibus*´, Michaelmas, 19 Edw. IV, m. 6, quoted in *The Management*, p.17.

（62）これは、財務府の管轄下に置かれていた「徴税官」を指しているものと思われるが、「主要会計士」とでも訳すべきか、その明確な訳語については不明。

(63) *The Management*, p. 17.

(64) 一四七三年から一四七四年にかけての財務府長官の会計録がこの混乱を大変よく示している。「財務府の」、「ランカスター公領の」、「領主である国王の」という分類が、会計録の見出しにではなく、欄外にそれぞれ書きつけられていた (*Ibid.*, p. 17, note 4)。

(65) *Ibid.*, p. 17, note 4.

(66) *Ibid.*, p. 17.

(67) P.R.O., Exchequer, K.R., Memoranda Rolls, '*brevia directa baronibus*', E. 159/254, Michaelmas, 17 Edw. IV, m. 17, quoted in *The Crown Lands*, p. 112.

(68) P.R.O., Exchequer, K.R., Memoranda Rolls, '*brevia directa baronibus*',

E. 159/257, Trinity, 20 Edw. IV, m. 5, quoted in *The Crown Lands*, pp. 112–113.

（69）本書、第４章第１節参照。

（70）*The Management*, p. 17, note 5.

（71）たとえば前述のジョン・ヘイズは、一四七九年一月二十六日、国璽を捺印した開封勅許状により任命されたのではあるが、すでに一四七七年のミカエル祭から口頭および信書によって任命されていた。ウイリアム・クリフォード William Clifford は、一四七八年十一月十日付けの開封勅許状によって任命されたのではあるが、すでにその一年以上も前から口頭によって出納官に任ぜられていた（*Ibid.*, p. 18, note 1）。

（72）*Ibid.*, p. 18.

（73）*Ibid.*

（74）E. R.

‘Edward by the grace of god, king etc. To the Reverend Father in god our right trusty and well-beloved the Bishop of Rochester, Keeper of our Privy Seal, Greeting. For as much as there be many great sums in arrears and unto us due by divers officers and other tenants of our duchy of Lancaster for the nighest recovery and levying of the which we have commanded our trusty and well-beloved councillor Thoman Thwayte, Chancellor of our said Duchy, to put him in most effectual diligence and devoir and understand that divers and many letters under our said privy seal shall be requisite and necessary to and for the same. We therefore will and charge you that from time to time hereafter ye do make all manner and as many such letters under our said privy seal as our said chancellor shall sue unto you at any time to thentent aforesaid by warrant hereof signed with our hand and without any other or further suit to be made in that behalf, the premises considered. Given under our signet at our manor of Greenwich the 7th day of July the 18th. Year of our Reign.

Herbert.

(P.R.O., Privy Seal Office, P.S.O. 1/45/2343, quoted in *The Management*, p. 18, note 3)

（75）*The Management*, p. 18.

（76）*The Management* の記述をもとに、筆者が作成。

（77）Cf. R. Somerville, *op. cit.*, pp. 230–259. ヨーク政権下におけるランカスター公領の財源増大政策は、第2章で述べたように、王領全体を通じた、より広範な活動の一部にすぎなかった。

（78）E.F. Jacob, *op. cit.*, p. 605.

（79）*The Management*, p. 23. この点についてウルフは、「歴史家の共通の試練の一つは、中世の人々には明白であったことが、史料に記録するのを怠っていることがしばしばある」と指摘している。

（80）*Ibid.*, p. 27, Appendix.

（81）*Ibid.*, pp. 23, 27, Appendix.

（82）数年後にジョン・ケンダル John Kendal はグロスター公リチャードの個人的な奉仕者として姿を現す。つまり、グロスター公の秘書官として、彼は、同公の財務を監督するために「仮転勤」させられたようである。

（83）*Ibid.*, pp. 23–24.

（84）Calendar of Patent Rolls, 1436–1441, p. 91; *Ibid.*, *1452–1461*, p. 293, quoted in *The Management*, p. 24.　一四三七年、ヘンリ六世は、開封勅許状によって、王室府式部官 (Household Chamberlain) ならびにランカスター公領の或る会計監査官に、国王の宝石局長官 (Keeper of the King's Jewels) の会計検査をするように命じている。つまり、確証はないが、こ

のことから、たとえチェムバー財務長官といえども、国王に会計報告を履行する以外に、第三者によって会計検査されていたと想像される。

（85）Calendar of Patent Rolls, 1461-1467, p. 459, quoted in *The Management*, p. 24.

（86）*The Management*, p. 15. 要するに、財務府は、王権制限的な機能を持っていたのであるが、この点について、尾野比左夫は次のようにまとめている。「このように、エクスチェッカーの機能は、⑴その首脳は国王の独断的任命によらず議会の承認を必要とする。⑵収入の徴収は大法官の令状発布という国王にとって間接的方法にすぎない。⑶収支の手続きは非常に複雑な順序をふむ、など、国王が自由に財政を操作するには不便な特質を有しており、その運用にあたっては、封建貴族勢力の介入する余地が多分に存在していたことが十分推察される。中世においては、封建貴族は国王の対立者であり、あらゆる機会をとらえて王権を制限しようとしていた。したがって、エクスチェッカーは右に記したごとき機能上の特質から、彼ら貴族にとっては容易に利用できる財政機関となっており、換言すれば、王権を財政面から制限する最適の機構であったといえよう。この点、エクスチェッカーは王権制限的役割を果たしていたと考えられ、これが中世イギリスを通しての財政組織の特色で会った」(『イギリス絶対主義の成立過程』比叡書房、一九七八年、八三頁)。

（87）*The Management*, pp. 25–26.

（88）*Ibid.*, p. 26.

（89）この点はリチャード三世も同様だったようである。

（90）*Ibid.*, p. 15.

（91）*Ibid.*, p. 25.

（92）本書、第３章第２節参照。

（93）これらの六人の出納官たちの会計録は、The Foreign Account Rolls for 21

and 22 Edw. IV に登録されているようである（*The Management*, p. 15, note 2)。

（94）「外来」会計監査官たちによって作成されたこれら出納官たちの会計録としては、たとえば次のものがあげられる。P.R.O., Duchy of Lancaster, Ministers, Accounts, D.L. 29/638/10373 (John Harcourt, receiver of former Clarence lands); P.R.O., Land Revenue, Rentals, &c., L.R. 12/28/988 (Richard Welby, receiver of former Clarence lands). *The Management*, pp. 15, 16, note 3.

（95）*The Crown Lands*, p. 58.

（96）*Ibid.*

（97）中世の財務府の手続きが緩慢で複雑だったことは、主として、役人たちによる土地の投機および私利の防止を狙いとしていたためであった。エドワード四世による新しいシステムもまたこの深刻な弱点を持っていた。この新システムの能率は、国王の緊密な個人的支配力いかんに、また王の信頼せる役人たちの誠実さいかんに、大いにかかっていたのである（*Ibid.*）。

（98）*The Crown Lands*, p. 58.

（99）*Ibid.*, p. 59.

（100）*Ibid.*　まれに御璽局が作成した令状のオリジナルがまだ残存している宮殿もあり、このことは決定的に証明され得るという。

（101）*The Management*, p. 14.　これらの義務免除の令状全体から、国王(またはチェムバー)と財務府との複雑で微妙な関係が読み取れる。すなわち、財務府は、国王の出納官たちの会計報告不履行を理由に、出納官を相手取って訴訟手続きを起こすのは、国王のためであるとしているのに対して、国王(またはチェムバー)は、財務府によるその行為をよけいなこととして阻止し、出納官たちを免責するように財務府に命じている。そしてその際、同時に国王(またはチェムバー)は、財務府のすべての行為は国王のためであるという形式的表現を使用している。この点、これらの令状を読むにあたって、国王の真意を誤解しないように十分注意しなければならない。

（102） *The Crown Lands*, p. 59.

（103） P.R.O., Exchequer, K.R., Memoranda Rolls, ‘*brevia directa baronibus*’, E. 159/240, Michaelmas, 3 Edw. IV, m. 22（*The Crown Lands*, p. 107.）*Ibid.*, E. 159/251, ‘*brevia*’ Hilary, 14 Edw. IV, m. 10（*Ibid.*, p. 110）; *Ibid.*, E. 159/254, ‘*brevia*’, Michaelmas, 17 Edw. IV, m. 17（*Ibid.*, p. 112）; *Ibid.*, E. 159/257, ‘*brevia*’, Trinity, 20 Edw. IV, m. 5（*Ibid.*, p. 113）; *Ibid.*, E. 159/257, ‘*brevia*’ Hilary, 20 Edw. IV, m. 3d.（*Ibid.*, p. 114）; *Ibid.*, E. 159/258, ‘*brevia*’ Hilary, 21 Edw. IV, m. 1d.（*Ibid.*, p. 115）; *Ibid.*, E. 159/259, ‘*brevia*’, Michaelmas, 22 Edw. IV, m. 6（*Ibid.*, p. 116）, etc. なお、引用文中の（　）内は訳者(工藤)による補足である。

（104）註（103）のほかに、次のものがあげられる。*Ibid.*, E. 159/250, '*brevia*', Michaelmas, 13 Edw. IV, m. 4 (*Ibid.*, p. 109)；*Ibid.*, E. 159/254, '*brevia*', Easter, 17 Edw. IV, m. 1 (*Ibid.*, p. 111), etc.

（105）註（103）および（104）のほかに次のものがあげられる。*Ibid.*, E. 159/246, '*brevia*', Easter, 9 Edw. IV, m. 4 (*Ibid.*, p. 108), etc.

（106）*The Management*, p. 22.

（107）*Ibid.*, pp. 22–23.

（108）本書、第４章第2節、「1 ピーター・ボーピー」の項参照。

（109）この点はヘンリ七世治世になると明確になる。すなわち、ヘンリ七世がヨーク政権下で始められたチェムバー財政制度を再建するのであるが、その一四九一年のミカエル祭以降、ウォリック、ソールズベリーおよびスペンサー諸所領の「外来」会計監査官たちは、財務府顧問官たちにその会計録を手渡して財務府の保管に委ねる前に、「国王と国王の諮問会議の監視および尋問」を受けるべく、その作成した会計録を提示する義務のもとに置かれた（P.R.O., Exchequer, K.R., Memoranda Rolls, '*brevia*', Trinity, 8 Henry VII, m. 1d., quoted in *The Management*, p. 23.

（110）J.R. Lander, *Conflict and Stability in Fifteenth-Century England*（以下 *Conflict and Stability* と略記）, Hutchinson, London, 1977 (First Published 1969). p. 107; Do., *Crown and Nobility*, p. 41; C. Ross, *op. cit.*, p. 381.　主な王室領の年収の内訳は、コーンウォール公領——純収入約三、一〇〇ポンド（うち一、二〇〇ポンドが寄付金として徴収）、王妃エリザベスの所領——約四、五〇〇ポンド（うち一、四〇〇ポンドが寄付金として徴収）、マーチ伯領の土地——純収入約一、〇〇〇ポンド（うち二〇〇ポンドだけ実際に徴収）、クラレンス公からの没収所領——純収入約三、五〇〇ポンド（うち二、〇〇〇ポンドだけ実際に徴収）、グロスター公リチャードの所領——三、六六六ポンド一三シリング四ペンス（うち一、二〇

○ポンドが寄付金として徴収)、である。*The Management*, p. 20, note 1.

(111) *Crown and Nobility*, p. 42.

(112) *Politics and Power*, p. 41; *Conflict and Stability*, p. 107.

(113) *The Management*, p. 20.

(114) *Ibid.*; *Crown and Nobility*, p. 199.

(115) *Politics and Power*, p. 41; C. Ross, *op. cit.*, p. 381.

(116) *Crown and Nobility*, p. 42.

(117) *The Management*, p. 25.

(118) *The Crown Lands*, pp. 29–50.

(119) *The Management*, p. 25.

(120) エドワード四世は、私生活において、騎士などの身分の低い者たちとの交流を好んだ。エドワード四世が、貴族ではない身分の低い騎士やジェントリ、ヨーマンたちを特別に引き立て優遇し、役人として登用した理由・動機は、一体、いずこにあったのだろうか。推測ではあるが、愛する王妃エリザベス・ウッドヴィル（次頁の肖像画参照）がランカスター派騎士ジョン・グレイ John Gray の未亡人だったからかもしれない。また、エドワード四世自身も、みずからの出生に関する醜聞が広がり疑いがもたれていたこともあるだろう。こともあろうに、実母セシリー・ネヴィル Cecily Neville が、次男エドワード――長男ヘンリは早世していた――を非嫡出子と宣言し、三男クラレンス公ジョージを王位に即けようと画策したと言われている。クラレンス公がウォリック伯と結んで反乱を起こした背景には、政策や考え方の相違だけでなく、このような事情が絡んでいたこともあるだろう。かかるコンプレックスが、エドワード四世の行動や政策に色濃く影響していたものと思われる。

（121） *Ibid.*, p. 22.

エドワード４世の妃エリザベス・ウッドヴィル
出典：Charles Ross, *EDWARD IV*. Eyre Methuen, London, 1974

あとがき

本書は、だいぶ前に脱稿したものであり、内容的に不十分極まりなく、大いに反省しております。しかし、主に一次史料の分析に依拠した叙述なので、この点から見ていただければさほど古さを感じさせないのではないかとみずからに言い聞かせ、慰めにしております。また、これらの本文掲載の種々の一次史料の邦訳は、令状の書式など、必ずや何らかの役に立つに違いありません。

二〇一九年末から約三年間、新型コロナウイルスの流行が猛威を振るいました。思えば、十四世紀にヨーロッパで大流行した「黒死病（ペスト）」や、第一次世界大戦末期の一九一八年に発生した「スペイン風邪」など、人類はこの悪魔のごとき疫病への対処方法・術（すべ）を知らず、高い罹患（りかん）率とおびただしい死者を出したことが、直接体験した訳ではありませんが、思い出されます。グローバル化がこのような形で現れるとは、なんと皮肉なことでしょう。世界規模で人々は、外出が制限され、在宅勤務等を余儀なくされました。正直に告白すると、このことが本書の刊行を思い立った背景でもあります。

本書で取り上げた諸史料および内容は、その多くがB. P. Wolffe, *The Crown Lands 1461 to 1536: An Aspect of Yorkist and Early Tudor Government.* George Allen and Unwin Ltd, London: Barnes and Noble Inc, New York, 1970. に依拠しております。ウルフ博士には心から感謝いたします。

日本語の文献では、本書の脚注に示した通り、多くの碩学の方々の研究に大変お世話になりました。中でもとくに、鳴門教育大学名誉教授・尾野比左夫先生の著書や論文に負うところ大であり、この場を借りて衷心より御礼申し上げます。

また、明治大学大学院の先輩・佐藤清隆氏（のち明治大学教授）には、千代田区神田神保町に本部を置く「歴史学研究会」主催の研究発表会での発表やその他の研究会等に心温かくお誘いいただきました。歴史研究を目指して若い仲間があい集(つど)い、お互いに切磋琢磨しながらひたすら研鑽を積んだあの頃の日々が、つい昨日のことのように懐かしく思い出されます。皆様、ありがとうございました。

二〇二三年　五月二十日

著　者

≪る≫

≪れ≫

≪ろ≫

≪わ≫

≪ら≫

≪り≫

≪ま≫

≪み≫

≪も≫

≪や≫

≪よ≫

≪へ≫

≪ほ≫

≪は≫

≪ひ≫

≪ふ≫

≪な≫

≪に≫

≪ね≫

≪の≫

≪て≫

≪と≫

≪せ≫

≪そ≫

≪た≫

≪ち≫

≪す≫

≪し≫

≪さ≫

≪く≫

≪け≫

≪こ≫

≪き≫

≪え≫

≪お≫

≪か≫

索　引　（五十音順）

〔著者プロフィール〕

工藤長昭（くどう・としあき）

1950（昭和 25）年、秋田県生まれ
学　歴　明治大学大学院文学研究科史学専攻・博士前期課程修了
職　歴　神奈川県立高等学校教諭・総括教諭を経て、2023 年現在、同 非常勤講師
著　書　『信仰と道徳と人生』 2022 年
現住所　〒235-0034
神奈川県横浜市磯子区杉田坪呑4-4-105
電　話　045-775-3556
メール　tjttykudo2000@yahoo.co.jp

エドワード四世の王領政策
―イギリス絶対王政の先駆け―

2023 年 8 月 1 日　初版　第一刷発行
著者　工藤 長昭
発行者　谷村 勇輔
発行所　ブイツーソリューション
〒466-0848 名古屋市昭和区長戸町 4-40
電話　052-799-7391
ＦＡＸ　052-799-7984
発売元　星雲社（共同出版社・流通責任出版社）
〒112-0005 東京都文京区水道 1-3-30
電話　03-3868-3275
ＦＡＸ　03-3868-6588
印刷所　モリモト印刷
万一、落丁乱丁のある場合は送料当社負担でお取替えいたします。
小社宛にお送りください。
定価はカバーに表示してあります。

　ISBN 978-4-434-32392-8